Noveller på Tyska

Korta berättelser på Tyska för nybörjare och elever på mellanstadiet

Leon Wagner

greenthumbpublishing@gmail.com

Innehåll

Introduktion

Att läsa på ett främmande språk är ett av de mest effektiva sätten att förbättra språkkunskaperna och utöka ordförrådet. Det kan dock ibland vara svårt att hitta engagerande läsmaterial på en lämplig nivå som ger en känsla av prestation och framsteg. De flesta böcker och artiklar som är skrivna för modersmålstalare kan vara för långa och svåra att förstå eller ha ett ordförråd på mycket hög nivå så att du känner dig överväldigad och ger upp. Om dessa problem låter bekanta är den här boken något för dig!

Noveller på Tyska är en samling av 25 okonventionella och underhållande noveller som är utformade för att hjälpa nybörjare och elever på mellannivå Tyska att förbättra sina språkkunskaper.

Dessa noveller skapar en stödjande läsmiljö genom att innehålla:

- Ett rikt språkligt innehåll i olika genrer som underhåller dig och ger dig en mängd olika ordformer.
- Kortare berättelser i kapitel för att ge dig nöjet att avsluta berättelser och göra snabba framsteg.
- Texter som är skrivna på din nivå så att de är lättare att förstå och inte överväldigande.
- Svensk översättning på växlande sidor, så att du kan läsa den rad för rad när du läser berättelsen Tyska.
- Nyckelord är tryckta i fetstil i berättelsen och översättningen för att hjälpa dig att lättare förstå okända ord.
- Förståelsefrågor för att testa din förståelse av viktiga händelser och för att uppmuntra dig att läsa mer i detalj.

Oavsett om du vill utöka ditt ordförråd, förbättra din förståelse eller bara läsa för skojs skull är den här boken det största steget framåt du kan ta i dina studier i år. Noveller på Tyska ger dig allt stöd du behöver, så luta dig tillbaka, slappna av och låt fantasin flöda när du förflyttas till en magisk värld av äventyr, mysterier och intriger - på Tyska!

Hur du använder den här boken

Läsning är en svår talang att bemästra. Vi använder en rad mikrofärdigheter för att hjälpa oss att läsa på våra modersmål. Vi kan till exempel skumma ett avsnitt för att få en grov förståelse, eller en kontentan, av vad det handlar om. Vi kan också kamma igenom många sidor i en tågplan för att hitta en viss tid eller plats. Medan dessa mikrofärdigheter är en självklarhet när vi läser på våra modersmål, visar forskning att vi ofta glömmer de flesta av dem när vi läser på ett främmande språk. När vi lär oss ett främmande språk börjar vi vanligtvis i början av en text och arbetar oss igenom den och försöker förstå varje enskilt ord. Det är oundvikligt att vi stöter på obekanta eller komplicerade termer och blir irriterade över vår oförmåga att förstå dem.

En av de största fördelarna med att läsa på ett främmande språk är att du får tillgång till ett stort antal fraser och uttryck som används i vardagliga situationer. Extensiv läsning är en term som används för att beskriva läsning för nöjes skull för att lära sig ett språk. Det är inte som att läsa en lärobok, då konversationer eller texter är utformade för att läsas långsamt och noggrant med målet att förstå varje ord. “Intensiv läsning” avser läsning som görs för att uppnå specifika inlärningsmål eller slutföra uppgifter. För att uttrycka det på ett annat sätt: grundlig läsning i läroböcker hjälper vanligtvis till att lära sig grammatiska regler och särskilt ordförråd, men omfattande läsning av berättelser hjälper till att lära sig det naturliga språket.

Noveller på Tyska ger dig möjligheter att lära dig mer om

det naturliga Tyska språket i bruk, även om du kanske har börjat din språkinlärningsresa med enbart läroböcker. Här är några tips att tänka på när du läser berättelserna i den här boken för att få ut så mycket som möjligt av dem: När det gäller läsning är nöje och en känsla av att ha uppnått något avgörande. Du fortsätter att komma tillbaka för mer eftersom du tycker om det du läser. Att läsa varje berättelse från början till slut är den bästa metoden för att njuta av att läsa berättelser och känna sig fulländad. Följaktligen är det mest avgörande att komma till slutet av en berättelse. Det är faktiskt mer avgörande än att kunna varje enskilt ord.

Ju mer du läser, desto mer kunskap får du. Om du läser större böcker för nöjes skull kommer du snabbt att få kunskap om hur Tyska fungerar. Tänk dock på att för att få alla fördelar av omfattande läsning måste du först läsa en tillräckligt stor volym. Om du läser några sidor här och där kan du kanske lära dig några nya ord, men det kommer inte att göra någon större skillnad i din totala nivå av Tyska.

Acceptera att du inte kommer att förstå allt du läser i en roman. Detta är utan tvekan den viktigaste punkten! Kom alltid ihåg att det är helt acceptabelt att inte förstå alla ord eller meningar. Det innebär inte att dina språkkunskaper är otillräckliga eller att du presterar dåligt. Det tyder på att du aktivt deltar i inlärningsprocessen.

Läsguide

För att få ut så mycket som möjligt av att läsa Noveller på Tyska är det bäst om du följer denna enkla läsprocess i sex steg för varje kapitel i berättelserna:

1. Läs kapitlets titel. Tänk på vad berättelsen kan handla om. Läs sedan berättelsen hela vägen igenom. Ditt mål är helt enkelt att nå slutet av berättelsen. Stanna därför inte upp för att slå upp ord och oroa dig inte om det finns saker som du inte förstår. Försök helt enkelt att följa handlingen.

2. När du når slutet av berättelsen ska du skanna den svenska översättningen för att se om du har förstått vad som har hänt och ta upp eventuella sammanhang som du kan ha missat.

3. Gå tillbaka och läs samma berättelse igen. Om du vill kan du fokusera mer på berättelsens detaljer än tidigare, men annars är det bara att läsa igenom den en gång till.

4. Arbeta sedan igenom förståelsefrågorna i Tyska för att kontrollera din förståelse av viktiga händelser i berättelsen. Om du inte förstår frågorna helt och hållet ska du inte oroa dig. Använd dina kunskaper för att svara så gott du kan.

5. Vid det här laget bör du ha en viss förståelse för de viktigaste händelserna i kapitlet. Om inte kan du läsa om kapitlet några gånger med hjälp av översättningen för att kontrollera okända ord och fraser tills du känner dig säker.

När du är redo och säker på att du förstår vad som har

hänt - oavsett om det är efter en eller flera läsningar av berättelsen - går du vidare till nästa berättelse och fortsätter att njuta av berättelsen i din egen takt, precis som du skulle göra med vilken annan bok som helst.

Först när du har avslutat en berättelse i sin helhet bör du överväga att gå tillbaka och studera berättelsespråket mer ingående om du vill. Eller i stället för att oroa dig för att förstå allt, ta dig tid att fokusera på allt du har förstått och gratulera dig själv till allt du har gjort.

Noveller på Tyska

Street Food probieren

Das erste Mal, dass ich deutsches Streetfood gegessen habe, war während einer Reise nach Berlin. Ich **erinnere mich, dass ich** eine gefühlte Ewigkeit in der Schlange stand, aber das war es wert, als ich endlich diese leckere Currywurst in die Finger bekam. Die Wurst war so saftig und die Currysauce war perfekt. Auch die knusprigen Pommes frites, die es dazu gab, fand ich klasse. Es war eine so einfache Mahlzeit, aber sie hat **fantastisch** geschmeckt. Seitdem bin ich süchtig nach **deutschem** Straßenessen. Wann immer ich in Berlin bin, muss ich mir eine Currywurst und Pommes besorgen (und manchmal sogar eine Brezel oder zwei). Aber auch wenn ich nicht in Deutschland bin, sehne ich mich von Zeit zu Zeit nach diesen Geschmacksrichtungen. Deshalb habe ich mich entschlossen, mein eigenes deutsches Street Food zu Hause zuzubereiten. Es bedurfte einiger Versuche (und einer Menge Essen), aber **schließlich habe** ich meine eigene Version der Currywurst perfektioniert. **Wenn ich** jetzt Lust auf etwas Herzhaftes und Würziges habe, brauche ich nur den Grill anzuwerfen und ein paar Würstchen zuzubereiten! Ich stand in der Schlange vor dem Currywurststand, und mir lief das Wasser im Mund zusammen. Ich konnte den Geruch der gegrillten

Prova gatumat

Första gången jag åt tysk gatumat var under en resa till Berlin. Jag **minns att jag** stod i kö i vad som kändes som en evighet, men det var värt det när jag äntligen fick tag på den läckra currywursten. Korven var så saftig och currysåsen var perfekt. Jag älskade också de krispiga pommes fritesen som följde med. Det var en så enkel måltid, men den smakade **fantastiskt**. Sedan dess har jag blivit fast på **tysk** gatumat. När jag är i Berlin ser jag till att få min dos currywurst och pommes frites (och ibland även en kringla eller två). Men även när jag inte är i Tyskland längtar jag fortfarande efter dessa smaker då och då. Därför bestämde jag mig för att försöka göra min egen tyska gatukost hemma. Det krävdes en del försök och misstag (och en hel del ätande), men **till slut** fulländade jag min egen version av currywurst. **När jag** nu är sugen på något hjärtligt och smakrikt är allt jag behöver göra att tända grillen och laga några korvar! Jag stod i kö vid currywurstståndet och min mun vattnade i förväntan. Jag kunde känna lukten av korven som grillades och det fick min mage att knorra.

Slutligen var det min tur att beställa. “En currywurst, tack”, sa jag och lämnade över några euro. Kvinnan

Würstchen riechen und mein Magen knurrte.

Endlich war ich an der Reihe, zu bestellen. “Eine Currywurst bitte”, sagte ich, während ich ein paar Euro übergab. Die Frau hinter dem Tresen lächelte und legte mir eine **dampfend** heiße Wurst auf einen Pappteller. Dann **spritzte** sie etwas Currysauce darüber und gab eine Handvoll Pommes dazu, bevor sie mir alles überreichte. Ich nahm mein Essen und suchte mir einen Platz an einem der nahe gelegenen Picknicktische. Dann stürzte ich mich darauf und genoss jeden Bissen dieses köstlichen **deutschen** Straßenessens. Die Wurst war saftig und würzig, und die Currysauce gab genau die richtige Menge an Schärfe hinzu. Und die knusprigen Pommes frites waren perfekt, um sie in die extra Portion Soße zu tunken! Ich spazierte durch die Straßen Berlins und nahm alle Sehenswürdigkeiten und Geräusche in mich auf. Die Stadt war voller Menschen, und es gab so viele Dinge zu sehen.

Ich kam an einigen **Straßenhändlern vorbei**, die alles von Brezeln bis hin zu **Würstchen** verkauften, aber mein Magen war schon voll vom Mittagessen, also ging ich weiter. Plötzlich duftete es nach Currywurst, und mir lief das Wasser im Mund zusammen. Ich konnte nicht widerstehen, noch einen letzten Snack zu mir zu nehmen, bevor ich mich auf den Weg zu meinem Hotelzimmer machte.

bakom disken log och placerade en **rykande** varm korv på en papperstallrik åt mig. Hon **sprutade** sedan lite currysås över den och lade till en handfull pommes frites innan hon lämnade över allt. Jag tog min mat och hittade en plats att sätta mig vid ett av de närliggande picknickborden. Sedan högg jag i mig och njöt av varje tugga av den läckra **tyska** gatumaten. Korven var saftig och smakrik, medan currysåsen tillförde precis rätt mängd kryddor. Och de krispiga pommes fritesen var perfekta att doppa i den extra såsen! Jag gick genom Berlins gator och tog in alla sevärdheter och ljud. Staden var full av människor och det fanns så mycket att se.

Jag passerade några **gatuförsäljare** som sålde allt från kringlor till **korv,** men min mage var redan full av lunch, så jag fortsatte att gå. Plötsligt luktade det currywurst i luften och min mun började vattnas, jag kunde inte motstå att **ta** ett sista mellanmål innan jag gick tillbaka till mitt hotellrum.

Fragen zum Verständnis

1. Was sagt die Autorin über ihre ersten Erfahrungen mit deutschem Streetfood?

2. Was sagt der Autor über die Wurst?

3. Was sagt der Autor über die Currysauce?

4. Was sagt der Autor über die Pommes frites?

5. Was sagt der Autor über das deutsche Straßenessen im Allgemeinen?

6. Was sagt die Autorin über ihre Vorliebe für deutsches Straßenessen?

7. Was sagt der Autor über den Versuch, deutsches Straßenessen zu Hause zuzubereiten?

8. Was sagt die Autorin über das zweite Mal, als sie deutsches Straßenessen gegessen hat?

9. Was sagt der Autor über den Geruch von Currywurst?

Frågor om förståelse

1. Vad säger författaren om sin första erfarenhet av tysk gatukost?

2. Vad säger författaren om korven?

3. Vad säger författaren om currysåsen?

4. Vad säger författaren om pommes fritesen?

5. Vad säger författaren om tysk gatukost i allmänhet?

6. Vad säger författaren om sitt sug efter tysk gatukost?

7. Vad säger författaren om att försöka laga tysk gatukost hemma?

8. Vad säger författaren om den andra gången hon åt tysk gatukost?

9. Vad säger författaren om lukten av currywurst?

Brandenburger Tor

Das Brandenburger Tor war einst ein Symbol für Hoffnung und Freiheit. Doch jetzt erinnert es an die dunklen Tage der Vergangenheit. Das Tor ist mit Graffiti **beschmiert**, und der Boden rundherum ist mit Müll übersät. Es ist Jahre her, dass jemand diesen Ort besucht hat. Aber heute **ist etwas**
ist anders. Eine junge Frau nähert sich dem Tor und zögert einen Moment, bevor sie hindurch tritt. Sie schaut sich die **Trostlosigkeit** und Traurigkeit um, die sie umgibt, und kann sich eines Gefühls der Verzweiflung nicht erwehren. Doch dann sieht sie etwas, das ihren Blick fesselt: eine einzelne Blume, die aus den Rissen im Pflaster wächst. Sie bückt sich, um sie aufzuheben, denn sie spürt, dass sie jemand von der anderen Straßenseite aus beobachtet. Als sie aufblickt, sieht sie einen alten Mann, der sie **aufmerksam anschaut**. Er sagt nichts, aber er nickt leicht mit dem Kopf, als wolle er “Willkommen” sagen. Die Frau lächelt ihm zu, bevor sie sich abwendet und in Richtung Stadtzentrum **geht**. Sie weiß, dass es hier noch Menschen gibt, denen dieser Ort am Herzen liegt; Menschen, die ihn noch nicht aufgegeben haben.

Vielleicht werden andere eines Tages sehen, was sie sieht: dass es auch in der Dunkelheit Schönheit geben

Brandenburger Tor

Brandenburger Tor var en gång en symbol för hopp och frihet. Men nu är den en påminnelse om de mörka dagarna i det förflutna. Grinden är **täckt** av graffiti och marken runt omkring den är nedskräpad med skräp. Det har gått åratal sedan någon besökte denna plats. Men i dag har **något** är annorlunda. En ung kvinna närmar sig porten och tvekar en stund innan hon går igenom. Hon ser sig omkring på **ödsligheten** och sorgsenheten som omger henne och kan inte låta bli att känna en känsla av förtvivlan. Men så ser hon något som fångar hennes uppmärksamhet: en enda blomma som växer i sprickorna i trottoaren. Hon böjer sig ner för att plocka upp den och känner att någon tittar på henne från andra sidan gatan. När hon tittar upp ser hon en gammal man som tittar **intensivt** på henne. Han säger ingenting, men han nickar lätt med huvudet, som om han ville säga “välkommen”. Kvinnan ler mot honom innan hon vänder sig bort och **går** mot stadens centrum. Hon vet att det fortfarande finns människor här som bryr sig om den här platsen; människor som inte har gett upp den ännu.

Kanske kommer andra en dag att se vad hon ser: att det kan finnas skönhet även i mörkret, att det kan finnas hopp även i **sorgen**. Kvinnan går på stadens gator och

kann; dass es auch in der **Traurigkeit** Hoffnung geben kann. Die Frau geht durch die Straßen der Stadt und nimmt die Sehenswürdigkeiten und Geräusche um sich herum in sich auf. Sie war noch nie an diesem Ort, aber sie fühlt sich mit ihm verbunden. Vielleicht liegt es daran, dass sie weiß, was es einmal war; vielleicht liegt es **daran, dass** sie sehen kann, was es wieder sein könnte. Als sie **sich dem** Stadtzentrum nähert, hört sie Musik aus einer der Seitenstraßen. Es ist eine wunderschöne Melodie, die sie mit Hoffnung erfüllt. Sie folgt dem Klang, bis sie zu einem kleinen Park kommt, in dem ein alter Mann auf seiner Geige für jeden, der zuhören will, spielt. Sie setzt sich auf eine Bank und schließt die Augen, um sich von der Musik berieseln zu lassen. Als er aufhört zu spielen, öffnet sie die Augen, und **um sie herum ertönt** Beifall. Der alte Mann verbeugt sich höflich, packt sein Instrument ein und geht.

Die **Frau** bleibt noch eine Weile im Park und genießt die Ruhe und den Frieden, bevor sie in ihr Hotelzimmer zurückkehrt. Als sie in dieser Nacht einschläft, träumt sie von einer Zeit, in der diese Stadt wieder lebendig ist, in der die Menschen wieder stolz sind, in der ihre Tore für alle offen sind, die nach Freiheit suchen. Die Frau steht wieder am Brandenburger Tor, aber dieses Mal ist sie nicht allein. Menschen aus der ganzen Welt sind gekommen, um dieses einst große **Symbol** der Hoffnung und der Freiheit zu sehen.

tar in sevärdheterna och ljuden runt omkring henne. Hon har aldrig varit på den här platsen tidigare, men hon känner en koppling till den. Kanske är det för att hon vet vad det brukade vara; kanske är det **för att** hon kan se vad det skulle kunna vara igen. När hon **närmar sig** stadens centrum hör hon musik från en av sidogatorna. Det är en vacker melodi som fyller henne med hopp. Hon följer ljudet tills hon kommer till en liten park där en gammal man spelar på sin fiol för alla som vill lyssna. Hon sätter sig på en bänk och sluter ögonen för att låta musiken skölja över henne. När han slutar spela öppnar hon ögonen och applåder ringer **runt omkring** henne. Den gamle mannen bugar artigt, packar ihop sitt instrument och går.

Kvinnan stannar i parken ett tag och njuter av lugnet och tystnaden innan hon **går** tillbaka till sitt hotellrum. När hon somnar den natten drömmer hon om en tid då staden lever igen, då människorna återigen är stolta och dess portar är öppna för alla som söker frihet. Kvinnan står vid Brandenburger Tor igen, men den här gången är hon inte ensam. Människor från hela världen har kommit för att se denna en gång så stora **symbol** för hopp och frihet.

Fragen zum Verständnis

1. Wo befindet sich das Brandenburger Tor?

2. Wie sieht das Brandenburger Tor heute aus?

3. Wann wurde das Brandenburger Tor gebaut?

4. Was ist das Brandenburger Tor, das als Symbol dient?

5. Was ist das Brandenburger Tor heute für ein Symbol?

6. Wie viele Tore gibt es am Brandenburger Tor?

7. Wie viele Menschen können durch das Brandenburger Tor gehen?

8. Was ist, wenn man durch das Brandenburger Tor geht?

9. Wie fühlt sich die Frau, als sie das Brandenburger Tor sieht?

Frågor om förståelse

1. Var ligger Brandenburger Tor?

2. Hur ser Brandenburger Tor ut i dag?

3. När byggdes Brandenburger Tor?

4. Vad är Brandenburger Tor en symbol för?

5. Vad är Brandenburger Tor en symbol i dag?

6. Hur många portar finns det i Brandenburger Tor?

7. Hur många personer kan passera genom Brandenburger Tor?

8. Vad händer när du passerar genom Brandenburger Tor?

9. Vad känner kvinnan när hon ser Brandenburger Tor?

Biergarten in München

Die Sonne ging über der Stadt München unter, und der **Biergarten füllte sich** langsam mit Menschen. Die Luft war dick mit dem Geruch von Hopfen und Malz, und der Klang von Lachen und **Gesprächen** erfüllte die Luft. Überall im Garten waren Tische aufgestellt, und die Kellner waren damit beschäftigt, Bestellungen aufzunehmen und Getränke **zu servieren**. In einer Ecke spielte eine Band traditionelle **deutsche Musik**, und die Leute tanzten zu den flotten Klängen. Es war ein perfekter Abend, um mit Freunden ein kühles Bier im Freien zu genießen. Und genau das tat Hans Müller jeden Abend nach der Arbeit. Er setzte sich an seinen Lieblingstisch in der Nähe des Musikpavillons, trank ein paar Bier, hörte Musik, plauderte mit alten und neuen Freunden und sah zu, wie Paare um ihn herum im Takt der Musik tanzten. Der heutige Abend schien auf den ersten Blick wie jeder andere Abend zu sein. Doch als Hans sich umsah, **bemerkte er, dass** heute Abend etwas anders war: Es schienen mehr Familien als sonst da zu sein. Die Eltern saßen an den Tischen und unterhielten sich, während ihre **Kinder** herumliefen und Spiele spielten oder sich gegenseitig **von** Tisch zu Tisch jagten. Es dauerte nicht lange, bis Hans

Ölträdgård i München

Solen höll på att gå ner över München och **ölträdgården** började fyllas med folk. Luften var tjock av doften av humle och malt, och ljudet av skratt och **samtal** fyllde luften. Bord stod uppställda runt om i trädgården och servitörer var upptagna med att ta emot beställningar och **servera** drycker. I ett hörn spelade ett band traditionell **tysk** musik och folk dansade till de livliga melodierna. Det var en perfekt kväll för att njuta av en kall öl utomhus med vänner. Och det var precis vad Hans Muller gjorde varje kväll efter jobbet. Han satte sig vid sitt favoritbord nära orkestertribunen, drack några öl, lyssnade på musik, pratade med gamla och nya vänner och såg på när paren dansade runt honom i takt till musiken. Den här kvällen verkade vid första anblicken vara som vilken annan kväll som helst. Men när Hans såg sig omkring **märkte** han något annorlunda med kvällens publik; det verkade vara fler familjer än vanligt. Föräldrarna satt vid borden och pratade medan deras **barn** sprang runt och spelade spel eller jagade varandra **mellan** borden. Det dröjde inte länge innan Hans

Han fann sig omgiven av skrattande barn som lekte lekar runt honom.

war er von lachenden Kindern umgeben, die um ihn herum Fangen spielten.

Er musste über ihre **Unschuld** schmunzeln, denn sie erinnerte ihn an seine eigene Kindheit in **München**. Hans Müller liebte seine Stadt, und er liebte den Biergarten. Es war ein Ort, an dem Menschen aus allen Gesellschaftsschichten zusammenkamen, um sich zu entspannen, Kontakte zu knüpfen und einfach den **Genuss** eines kalten Bieres an einem warmen Abend zu genießen. Er kam schon seit Jahren hierher, seit er alt genug war, um zu trinken. Und in all dieser Zeit hatte er es noch nie so **voll** mit Familien gesehen. Die Kinder, die **zwischen den** Tischen herumliefen, waren voller Energie, ihr Lachen erfüllte die Luft. Sie schienen so viel Spaß zu haben, dass es Hans glücklich machte, ihnen zuzusehen, und er **erinnerte sich daran, wie es** war, so jung und sorglos zu sein. Plötzlich rannte eines der Kinder in ihn hinein und stieß **versehentlich** sein Bierglas um.

Hans schimpfte leicht mit dem Kind, konnte sich aber ein Lachen nicht verkneifen; es weckte **Erinnerungen** an die Zeit, in der er **selbst** solche Dinge getan hatte. Nach einer Weile verspürte Hans wieder Durst, also ging er zur Bar, um sich **ein weiteres** Bier zu holen. Während er auf sein Getränk wartete, bemerkte er eine Gruppe von Kindern, die sich um einen der Tische versammelt hatte. Sie zeigten auf etwas und lachten.

Han kunde inte låta bli att le åt deras **oskuldsfullhet,** som påminde honom om hans egen barndom i **München**. Hans Muller älskade sin stad, och han älskade ölträdgården. Det var en plats där människor från alla samhällsskikt kom för att koppla av, umgås och njuta av det enkla **nöjet** av en kall öl en varm kväll. Han hade kommit hit i åratal, ända sedan han var gammal nog att dricka. Och under hela den tiden hade han aldrig sett det vara så **fullsatt** med familjer. Barnen som sprang runt **mellan** borden var fulla av energi och deras skratt fyllde luften. De verkade ha så roligt att det gjorde Hans lycklig bara att titta på dem, han **mindes** hur det var att vara ung och bekymmerslös på det viset. Plötsligt sprang ett av barnen in i honom och slog omkull hans ölglas.

Hans skällde ut barnet lätt men kunde inte låta bli att skratta också; det väckte **minnen** från när han **själv** brukade göra sådana saker. Efter ett tag började Hans känna sig törstig igen så han gick till baren för att hämta en öl **till.** När han väntade på sin drink såg han en grupp barn som samlades runt ett av borden. De pekade på något och skrattade.

Fragen zum Verständnis

1. Was sagt der Autor über den Geruch in der Luft?

2. Was macht Hans Müller jede Nacht?

3. Was fällt Hans Müller auf, was an der Menge heute Abend anders ist?

4. Woran erinnern die Kinder Hans Müller?

5. Was denkt Hans Müller über die herumlaufenden Kinder?

6. Was macht Hans Muller am liebsten im Biergarten?

7. Was denkt Hans Müller über die Familien im Biergarten?

Frågor om förståelse

1. Vad säger författaren om lukten i luften?

2. Vad gör Hans Muller varje kväll?

3. Vad märker Hans Muller som är annorlunda i publiken i kväll?

4. Vad påminner barnen Hans Muller om?

5. Vad tycker Hans Muller om barnen som springer omkring?

6. Vad är Hans Mullers favoritsak att göra i ölträdgården?

7. Vad tycker Hans Muller om familjerna i ölträdgården?

Weihnachtsmarkt

Es war ein kalter Wintertag, und der Weihnachtsmarkt war in vollem Gange. Die **Stände** waren festlich geschmückt, und in der Luft lag der Duft von Glühwein und gerösteten Kastanien. Ich **schlenderte** umher und nahm all die Sehenswürdigkeiten und Geräusche des **Marktes in mich auf**, als ich plötzlich etwas entdeckte, das mein Herz zum Stillstand brachte. Vor mir stand ein Stand, an dem handgefertigtes Holzspielzeug verkauft wurde. Und zwischen all den anderen Spielsachen stach mir eines sofort ins Auge - eine **wunderschöne** kleine Nussknackerpuppe. Ich wusste **sofort,** dass ich sie haben musste. Ich sprach die Verkäuferin an und fragte, wie viel sie kostete. Sie sagte mir, dass sie fünfzig **Dollar** kostete **- mehr** als ich jemals zuvor für ein Spielzeug bezahlt hatte! Aber ich zögerte nicht, übergab das Geld und nahm meinen neuen Schatz in Besitz.

Sobald ich zu Hause war, konnte ich es kaum erwarten, mehr über meine neue Nussknackerpuppe herauszufinden. Soweit ich es von ihrem schlichten Aussehen her beurteilen konnte, schien sie ziemlich alt zu sein... aber wer wusste das schon so genau? Nachdem ich im Internet **recherchiert hatte**, fand ich heraus, dass diese Art von Puppen in Deutschland in

Julmarknad

Det var en kall vinterdag och julmarknaden var i full gång. **Stånden** var prydda med festliga dekorationer och luften var fylld av doften av glögg och rostade kastanjer. Jag **vandrade** runt och tog in alla sevärdheter och ljud på **marknaden,** när jag plötsligt fick syn på något som fick mitt hjärta att stanna. Där framför mig fanns ett stånd som sålde handgjorda träleksaker. Och bland alla andra leksaker fanns det en som omedelbart fångade mitt öga - en **vacker** liten nötknäppardocka. Jag visste **genast** att jag var tvungen att ha den. Jag gick fram till stallägaren och frågade hur mycket den kostade. Hon berättade att den kostade femtio **dollar - mer** än vad jag någonsin hade betalat för en leksak tidigare! Men jag tvekade inte; jag lämnade över pengarna och tog min nya skatt i besittning.

När jag kom hem kunde jag inte vänta på att få veta mer om min nya knäppardocka. Såvitt jag kunde se av dess enkla utseende verkade den vara ganska gammal... men vem kunde veta säkert? Efter att ha gjort lite **efterforskningar** på nätet upptäckte jag att den här typen av dockor faktiskt var mycket populära i Tyskland under 1800-talet - vilket innebar att min lilla **nötknäckare** kunde vara långt över 200 år gammal!

den 1800er Jahren sehr beliebt war - was bedeutete, dass mein kleiner **Nussknacker** weit über 200 Jahre alt sein könnte! Wenn ich nur daran denke, fühle ich mich noch mehr mit ihm verbunden. Da ich nun etwas mehr über mein neues Spielzeug wusste, war es an der Zeit, ihm (oder ihr) einen Namen zu geben. Nach reiflicher **Überlegung** entschied ich mich für "Klaus" - nach der **berühmten** deutschen Volksfigur, die Kindern zur Weihnachtszeit Geschenke bringt. Das schien perfekt zu passen. Klaus wurde schnell zu einem geschätzten Mitglied unserer Familie. Von da an nahm er jedes Jahr in der Weihnachtszeit einen stolzen Platz auf unserem Kaminsims ein. Und jedes Jahr verbrachte ich einige Zeit damit, mit ihm zu plaudern und ihm alles zu erzählen, was in meinem Leben passiert war, seit wir das letzte Mal miteinander gesprochen hatten. Es mag albern klingen, aber ich hatte das Gefühl, dass er mir wirklich zuhörte und alles verstand, was ich sagte!

Im Laufe der Jahre, als jedes **Weihnachten** kam und ging, wurde **Klaus** mehr als nur eine Puppe für mich... er wurde mein Freund. Dann, ein Jahr später, änderte sich alles. Ich wachte am Weihnachtsmorgen auf und stellte fest, dass Klaus nicht mehr auf dem Kaminsims stand. Zuerst dachte ich, er müsse **über Nacht** heruntergefallen und zerbrochen sein... aber **nirgends war eine** Spur von ihm zu sehen.

Bara att tänka på det fick mig att känna mig ännu mer fäst vid honom. Nu när jag visste lite mer om min nya leksak var det dags att ge honom (eller henne) ett namn. Efter mycket **övervägande** bestämde jag mig för "Klaus" - efter den **berömda** tyska folkkaraktären som kommer med julklappar till barnen vid jul. Det verkade passa perfekt. Klaus blev snabbt en uppskattad medlem av vår familj. Varje år från och med då tog han en stolt plats på vår spiselkrans under julhelgen. Och varje år skulle jag tillbringa lite tid med att prata med honom och berätta om vad som hade hänt i mitt liv sedan vi pratade sist. Det kanske låter fånigt, men det kändes som om han verkligen lyssnade och förstod allt jag sa!

Under årens lopp, när varje **jul** kom och gick, blev **Klaus** mer än bara en docka för mig - han blev min vän. Sedan, ett år senare, förändrades allting. Jag vaknade på juldagsmorgonen och upptäckte att Klaus var borta från spiselkransen. Först trodde jag att han måste ha fallit och gått sönder **över natten...** men det fanns inga tecken på honom **någonstans**. Det var som om han hade försvunnit i tomma intet.

Fragen zum Verständnis

1. Was war die erste Reaktion des Protagonisten, als er die Nussknackerpuppe sah?

2. Wie viel hat der Protagonist für die Nussknackerpuppe bezahlt?

3. Wie hat der Protagonist die Nussknackerpuppe genannt?

4. Wo ist die Nussknackerpuppe hingegangen, als der Protagonist am Weihnachtsmorgen aufgewacht ist?

5. Warum glaubt der Protagonist, dass die Nussknackerpuppe verschwunden ist?

6. Was macht der Protagonist, wenn er jetzt den Weihnachtsmarkt besucht?

7. Welche Nachforschungen hat der Protagonist über die Herkunft der Nussknackerpuppe angestellt?

8. Welche Gefühle hat der Protagonist gegenüber der Nussknackerpuppe?

Frågor om förståelse

1. Vad var huvudpersonens första reaktion när han såg knäppardockan?

2. Hur mycket betalade huvudpersonen för nötknäppardockan?

3. Vad kallade huvudpersonen dockan för nötknäppardocka?

4. Vart tog knäppardockan vägen när huvudpersonen vaknade på juldagsmorgonen?

5. Varför tror huvudpersonen att knäppardockan försvann?

6. Vad gör huvudpersonen när de besöker julmarknaden nu?

7. Vad var huvudpersonens forskning om nötknäppardockans ursprung?

8. Vad känner huvudpersonen för känslor för knäppardockan?

Hamburger Hafen

Der Hamburger Hafen ist ein geschäftiger Ort. **Schiffe** aus der ganzen Welt kommen und gehen, und es gibt immer etwas zu sehen. Ich wollte schon immer einmal dorthin und bekam endlich die Gelegenheit, als meine Freundin mich **einlud**, sie auf einem Ausflug zu begleiten. Wir kamen früh am Morgen an, gerade als die Sonne ging auf. Die Luft war kalt, aber frisch, und der Geruch von Salzwasser war belebend. Wir gingen hinunter zu den Docks, **wo** wir die Schiffe sehen konnten, die in den Hafen ein- und ausliefen. Es gab so viele von ihnen! Und sie waren alle so unterschiedlich - manche klein und schnittig, andere groß und **träge**. Es war erstaunlich, wie präzise sie in ihre Liegeplätze hinein- und herausmanövrierten. Dabei sahen wir ein Schiff einlaufen, das den **bunten** Flaggen an den Masten nach zu urteilen aus Afrika oder vielleicht sogar aus Indien stammen könnte.

Meine Freundin erzählte mir, dass diese Art von Schiff als **Frachter** bezeichnet wird, weil es keine Passagiere, sondern Fracht befördert, wie die meisten anderen Schiffe heutzutage. Sie sagte, dass man manchmal Leute an Deck **arbeiten** sieht, während das Schiff durch den Hafen fährt - könnt ihr euch das vorstellen? Aber heute war niemand **an Bord** zu sehen, außer oben im

Hamburgs hamn

Hamburgs hamn är en livlig plats. **Fartyg** från hela världen kommer och går och det finns alltid något att se. Jag hade alltid velat besöka den och fick äntligen chansen när min väninna **bjöd in** mig att följa med henne på en resa. Vi **anlände** tidigt på morgonen, precis när solen gick upp. Luften var kall men fräsch och lukten av saltvatten var uppfriskande. Vi gick ner till hamnen, **där** vi kunde se fartygen komma in och ut ur hamnen. Det fanns så många av dem! Och de var alla så olika - vissa små och eleganta, andra stora och **tröga**. Det var fantastiskt att se dem **manövrera** in och ut ur sina kajer med sådan precision. Medan vi tittade på såg vi ett fartyg komma in som såg ut att komma från Afrika eller kanske till och med Indien, att döma av de **färgglada** flaggorna som flög i mastarna.

Min vän berättade att den här typen av fartyg kallas **fraktfartyg** eftersom det transporterar gods i stället för passagerare, som de flesta andra fartyg gör nuförtiden. Hon berättade att man ibland kan se folk **arbeta** på däck även när fartyget rör sig genom hamnen - kan du tänka dig det?- men idag fanns det ingen synlig **ombord** förutom uppe i kråkboet där någon höll utkikstjänst högt över allt annat som hände

Krähennest, wo jemand hoch über allem, was unter ihm an Deck passiert, Ausschau hielt. Nachdem wir das Treiben **im Hafen** eine Weile beobachtet hatten, beschlossen wir, ein wenig herumzulaufen und die Stadt zu erkunden. Hamburg ist eine große Stadt, und es gab so viel zu sehen. Wir spazierten durch schmale Straßen mit Geschäften und Cafés, vorbei an Kirchen und Regierungsgebäuden, bis wir schließlich am berühmten Fischmarkt ankamen. Der Markt war bereits in vollem Gange, obwohl es noch früh **am Morgen war**. Die Verkäufer riefen ihre Waren in einer Mischung aus **Deutsch** und Englisch an und versuchten, Kunden an ihre Stände zu locken. Die Luft war dick mit dem Geruch von Meeresfrüchten - einige frisch und köstlich duftend, andere nicht so sehr.

Aber das alles trug zu der **festlichen** Atmosphäre des Ortes bei. Wir schlenderten eine Weile herum und nahmen alle Sehenswürdigkeiten und Geräusche (und Gerüche!) des Marktes in uns auf, bevor wir uns schließlich entschlossen, bei einem der Verkäufer, die **gegrillte** Garnelenspieße anboten, etwas **zu essen**. Nach dem Mittagessen gingen wir zurück zum Hafengebiet und beschlossen, eine Fahrt mit einem der Ausflugsboote zu machen, die Touren durch den Hafen anbieten. Das war eine tolle Möglichkeit, alles aus der Nähe zu sehen und mehr über die Geschichte **Hamburgs** und seines Hafens zu erfahren.

nere under honom på däcksplanet. Efter att ha tittat på **hamnens** aktivitet ett tag bestämde vi oss för att gå runt och utforska. Hamburg är en stor stad och det fanns så mycket att se. Vi gick längs smala gator som var kantade med butiker och kaféer, förbi kyrkor och regeringsbyggnader, tills vi slutligen kom fram till den berömda fiskmarknaden. Marknaden var redan i full gång, trots att det fortfarande var tidig **morgon**. Försäljare ropade ut sina varor på en blandning av **tyska** och engelska och försökte locka kunder till sina stånd. Luften var tjock av lukten av fisk och skaldjur - vissa färska och väldoftande, andra inte så mycket.

Men allt bidrog till den **festliga** stämningen på platsen. Vi vandrade runt ett tag och tog in alla sevärdheter och ljud (och lukter!) på marknaden innan vi slutligen bestämde oss för att köpa lite **lunch** från en av försäljarna som sålde **grillade** räkspett. Efter lunchen gick vi tillbaka ner till hamnområdet och bestämde oss för att ta en tur på en av sightseeingbåtarna som ger rundturer i hamnen. Det var ett bra sätt att se allt på nära håll och lära sig mer om **Hamburgs** och hamnens historia.

Fragen zum Verständnis

1. Wie heißt die Stadt, die der Autor besucht hat?

2. Was hielt der Autor von den Menschen in Köln?

3. Wie heißt die berühmte Kathedrale in Köln?

4. Was hält der Autor von der Kathedrale?

5. Was hat der Autor in der Kathedrale gemacht?

6. Wie fand der Autor die Aussicht vom Turm der Kathedrale?

7. Was hat der Autor zu Abend gegessen?

8. Wo befand sich das Restaurant?

9. Wie fand der Autor das Essen?

10. Welchen Gesamteindruck hat der Autor von Köln?

Frågor om förståelse

1. Vad heter den stad som författaren besökte?

2. Vad tyckte författaren om människorna i Köln?

3. Vad heter den berömda katedralen i Köln?

4. Vad tyckte författaren om katedralen?

5. Vad gjorde författaren i katedralen?

6. Vad tyckte författaren om utsikten från toppen av katedralens torn?

7. Vad åt författaren till middag?

8. Var låg restaurangen?

9. Vad tyckte författaren om maten?

10. Vilket var författarens allmänna intryck av Köln?

Der Schwarzwald

Als ich den Schwarzwald betrete, werde ich sofort von der Dunkelheit eingehüllt. Die **Bäume** stehen so dicht **beieinander**, dass sie das meiste Licht ausblenden, und das einzige Geräusch ist das Knirschen der Blätter unter meinen Füßen. Ich spüre eine **Vorahnung**, als ich immer tiefer in den **Wald eindringe**, und bald kann ich den Weg hinter mir nicht mehr sehen. Ich gehe weiter, obwohl ich nicht sicher bin, wohin ich gehe oder was ich finden werde. Plötzlich bewegt sich etwas vor mir, und ich zucke erschrocken zurück. Es ist nur ein Reh, aber es erschreckt mich trotzdem. Während es davonhüpft, denke ich darüber nach, wie leicht man sich hier verlaufen kann. Ich wandere weiter durch den Schwarzwald und behalte halten Sie Ausschau nach Anzeichen von **Zivilisation**.

Die Sonne geht langsam unter, und ich weiß, dass ich bald einen Unterschlupf finden muss. Ich höre ein Rascheln im **Gebüsch** und werde nervös, aber es ist nur ein weiteres Reh. Ich entspanne mich etwas, **gehe** aber weiter. Es wird jetzt dunkel, und ich habe immer noch keine Spur gefunden, die einer Fährte ähnelt. Plötzlich sehe ich in der Ferne ein Licht und **laufe darauf zu**. Als ich näher komme, sehe ich, dass es aus einer Hütte kommt. Erleichterung macht sich in

Schwarzwald

När jag kliver in i Schwarzwald är jag genast omsluten av mörker. **Träden** står så nära **varandra** att de blockerar det mesta av ljuset, och det enda ljudet är lövets knastrande under mina fötter. Jag har en känsla av **föraning** när jag går djupare in i **skogen,** och snart kan jag inte längre se stigen bakom mig. Jag fortsätter att gå, även om jag inte är säker på vart jag är på väg eller vad jag kommer att hitta. Plötsligt rör sig något framför mig, och jag hoppar tillbaka med en gastkramp. Det är bara ett rådjur, men det skrämmer mig ändå. När det springer iväg tänker jag på hur lätt det skulle vara att gå vilse på den här platsen. Jag fortsätter att vandra genom Schwarzwald, och håller mig och håller ett vakande öga på alla tecken på **civilisation**.

Solen börjar gå ner och jag vet att jag måste hitta skydd snart. Jag hör ett prasslande i **buskarna** och spänner mig, men det är bara ännu ett rådjur. Jag slappnar av något, men fortsätter att **röra på mig**. Det börjar bli mörkt nu och jag har fortfarande inte hittat något som liknar ett spår. Plötsligt ser jag ett ljus i fjärran och börjar **gå** mot det. När jag kommer närmare ser jag att det kommer från en stuga. Lättnad sköljer över mig när jag går fram till stugan och knackar på dörren. Efter en **stund** öppnar en gammal kvinna dörren. Hon ser

mir breit, als ich zur Hütte gehe und an die Tür klopfe. Nach ein paar **Augenblicken öffnet** eine alte Frau die Tür. Sie sieht **überrascht** aus, mich zu sehen, aber sie bittet mich herein und bietet mir an, einen Tee zu kochen. Ich nehme ihr Angebot dankend an und setze mich ans Feuer. Die alte Frau beginnt, mir von dem **Wald zu erzählen**. Sie sagt, es sei ein magischer Ort, voller Geheimnisse und Wunder. Sie erzählt mir, dass sie einmal ein Einhorn im Wald gesehen hat, und ich kann nicht anders, als ihr zu glauben. Während wir so dasitzen und reden, fühle ich, wie meine Sorgen dahinschmelzen.

Ich war gerade dabei, mich zu entspannen, als ich plötzlich **draußen** ein Geräusch hörte. Es hört sich an, als würde etwas **auf die** Hütte zukommen. Ich schnappe mir schnell mein Messer und verstecke mich hinter der Tür. Als ich durch den Spalt spähe, sehe ich einen großen schwarzen Bären auf seinen Hinterbeinen laufen. Er schnüffelt herum und scheint mich noch nicht gesehen zu haben. Ich bin mir nicht sicher, was ich tun soll. Ich warte, was **mir** wie eine Ewigkeit vorkommt, aber schließlich geht der Bär weg. Ich stoße einen Seufzer der Erleichterung aus und lege mein Messer weg. Einfach Als ich gerade wieder ins Bett gehen will, höre ich draußen **etwas** anderes. Diesmal hört es sich so an, als würden sich Leute unterhalten. Ich nehme wieder mein **Messer** und schleiche zum Fenster, um zu sehen, wer es ist.

förvånad ut över att se mig, men hon bjuder in mig och erbjuder sig att koka te. Jag tar tacksamt emot hennes erbjudande och sätter mig vid elden. Den gamla kvinnan börjar berätta om **skogen**. Hon säger att det är en magisk plats, full av hemligheter och underverk. Hon berättar om när hon såg en enhörning i skogen, och jag kan inte låta bli att tro henne. Medan vi sitter där och pratar känner jag hur mina bekymmer smälter bort.

Jag började äntligen slappna av när jag plötsligt hörde ett ljud **utanför**. Det låter som om något kommer **mot** stugan. Jag tar snabbt min kniv och gömmer mig bakom dörren. När jag kikar genom springan ser jag en stor svart björn som går på sina bakben. Den sniffar runt och verkar inte ha sett mig än. Jag vet inte riktigt vad jag ska göra. Jag väntar i vad som **verkar vara en** evighet, men björnen vandrar slutligen iväg. Jag släpper en suck av lättnad och lägger undan min kniv. Bara När jag är på väg att lägga mig igen hör jag **något** annat utanför. Den här gången låter det som om folk pratar. Jag tar min **kniv** igen och kryper mot fönstret för att se vem det är.

Fragen zum Verständnis

1. Wie heißt die Stadt, die der Autor besucht hat?

2. Was hält der Autor von den Menschen in Köln?

3. Wie heißt die berühmte Kathedrale in Köln?

4. Was hält der Autor von der Kathedrale?

5. Was hat der Autor in der Kathedrale gemacht?

6. Was hält der Autor von der Aussicht von der Spitze der Kathedrale?

7. Was hat der Autor zu Abend gegessen?

8. Wo war das Restaurant?

9. Wie hat der Autor das Essen empfunden?

10. Welchen Gesamteindruck hat die Autorin von Köln gewonnen?

Frågor om förståelse

1. Vad heter den stad som författaren besökte?

2. Vad tyckte författaren om människorna i Köln?

3. Vad heter den berömda katedralen i Köln?

4. Vad tyckte författaren om katedralen?

5. Vad gjorde författaren i katedralen?

6. Vad tyckte författaren om utsikten från toppen av katedralen?

7. Vad åt författaren till middag?

8. Var låg restaurangen?

9. Vad kände författaren för måltiden?

10. Vilket var författarens allmänna intryck av Köln?

Kölner Dom

Ich wollte schon immer einmal Köln besuchen. Ich hatte schon so viel über die Stadt und ihren berühmten Dom gehört. Als ich eingeladen wurde, an einer Konferenz teilzunehmen, bekam ich endlich die Gelegenheit dazu. Ich kam an einem sonnigen Tag im Juni in Köln an. Das erste, was mir auffiel, war, wie sauber und gut gepflegt die Stadt war. **Überall, wo** ich hinsah, gab es Blumen und Bäume. Und die Menschen! Sie waren so freundlich und hilfsbereit, immer bereit, stehen zu bleiben und zu plaudern oder mir den Weg zu zeigen. Ich hatte gehört, dass die **Kathedrale** wirklich eine beeindruckende Sehenswürdigkeit ist. Seine gewaltige Größe ist **atemberaubend**, und im Inneren ist es so friedlich, trotz der Tausenden von Menschen, die ihn jeden Tag besuchen. Ich beschloss, den Kölner Dom zu besuchen, während ich in Köln war. Ich nahm den Bus von meinem Hotel aus und erreichte das **prächtige** Bauwerk innerhalb einer Stunde.

Nachdem ich eine Weile die Fassade bewundert hatte, ging ich hinein und war **von** der Größe des Gebäudes **überwältigt**. Es war ein unwirkliches Gefühl, an einem so historischen Ort zu stehen. Ich spazierte durch die Kathedrale, bewunderte ihre schöne Architektur und erfuhr etwas über ihre Geschichte. Ich besuchte

Domkyrkan i Köln

Jag har alltid velat besöka Köln. Jag hade hört så mycket om staden och dess berömda katedral. Äntligen fick jag chansen när jag blev inbjuden att delta i en konferens där. Jag anlände till Köln en solig dag i juni. Det första som **slog** mig var hur ren och välskött staden var. **Överallt där** jag tittade fanns det blommor och träd. Och människorna! De var så vänliga och hjälpsamma, alltid villiga att stanna upp och prata eller erbjuda vägbeskrivningar. Jag hade hört att **katedralen** verkligen är en fantastisk syn. Dess enorma storlek är **hisnande,** och det är så fridfullt inuti, trots de tusentals människor som besöker den varje dag. Jag bestämde mig för att besöka Kölnerdomen när jag var i Köln. Jag tog bussen från mitt hotell och kom fram till den **magnifika** byggnaden inom en timme.

Efter att ha beundrat fasaden en stund gick jag in och blev **förvånad** över dess storlek. Det kändes surrealistiskt att stå på en sådan historisk plats. Jag gick runt i katedralen, beundrade dess vackra arkitektur och lärde mig om dess historia. Jag besökte också skattkammaren, som rymmer många ovärderliga artefakter. Jag blev **genast** imponerad av den skyhöga gotiska **arkitekturen**. Efter att ha beundrat utsidan i några minuter tog jag mig in i den. Katedralens inre

auch die Schatzkammer, in der viele unbezahlbare Artefakte aufbewahrt werden. Ich war **sofort** von der hoch aufragenden gotischen **Architektur** beeindruckt. Nachdem ich einige Minuten lang die Außenfassade bewundert hatte, machte ich mich auf den Weg ins Innere. Das Innere der Kathedrale war sogar noch atemberaubender als die Außenansicht. Der höhlenartige Raum wurde vom **Sonnenlicht** erhellt, das durch die Buntglasfenster hereinfiel. Ich verbrachte einige Zeit damit, herumzulaufen und alle Details dieses unglaublichen Gebäudes in mich aufzunehmen, bevor ich mich auf die Spitze eines der Türme begab. Von dort oben hatte ich einen atemberaubenden Blick auf Köln und die Umgebung. Nachdem ich die Aussicht eine Weile genossen hatte, stieg ich wieder auf den Boden hinunter und erkundete den Rest dieses erstaunlichen Ortes, eines der bekanntesten und schönsten **Gebäude** in Deutschland, das ich endlich aus der Nähe sehen konnte.

Ich wurde nicht **enttäuscht**. Ich verbrachte Stunden damit, im Inneren herumzulaufen und die Handwerkskunst zu **bewundern**. Ich kletterte auch auf die Spitze eines der Türme, um einen unglaublichen Blick auf die Stadt unter uns. Als ich die Kathedrale verließ, war ich von dem, was ich gesehen hatte, einfach **überwältigt**. Es war ein unvergessliches Erlebnis, und ich bin so froh, dass ich diesen erstaunlichen Ort sehen konnte!

var ännu mer hisnande än utsidan. Det grottliknande utrymmet var upplyst av **solljus som** strömmade in genom glasmålningar. Jag tillbringade lite tid med att **gå** runt och ta in alla detaljer i denna otroliga byggnad innan jag tog mig upp på toppen av ett av dess torn. Uppifrån hade jag en fantastisk utsikt över Köln och vidare ut i världen. Efter att ha njutit av utsikten ett tag gick jag ner igen till marknivå och fortsatte att utforska resten av denna fantastiska plats. det är en av de mest ikoniska och vackraste **byggnaderna** i Tyskland, och jag fick äntligen chansen att se den på nära håll.

Jag blev inte **besviken**. Jag tillbringade timmar med att gå runt där inne och **beundra** hantverket. Jag klättrade också upp på toppen av ett av tornen för att få en otrolig utsikt över staden nedan. När jag lämnade katedralen kunde jag inte låta bli att känna mig **överväldigad** av vad jag hade sett. Det var en oförglömlig upplevelse, och jag är så glad att jag fick se denna fantastiska plats!

Fragen zum Verständnis

1. Wie heißt die Stadt, die der Autor besucht hat?

2. Was hielt der Autor von den Menschen in Köln?

3. Wie heißt die berühmte Kathedrale in Köln?

4. Was hält der Autor von der Kathedrale?

5. Was hat der Autor in der Kathedrale gemacht?

6. Wie fand der Autor die Aussicht vom Turm der Kathedrale?

7. Was hat der Autor zu Abend gegessen?

8. Wo befand sich das Restaurant?

9. Wie fand der Autor das Essen?

10. Welchen Gesamteindruck hat der Autor von Köln?

Frågor om förståelse

1. Vad heter den stad som författaren besökte?

2. Vad tyckte författaren om människorna i Köln?

3. Vad heter den berömda katedralen i Köln?

4. Vad tyckte författaren om katedralen?

5. Vad gjorde författaren i katedralen?

6. Vad tyckte författaren om utsikten från toppen av katedralens torn?

7. Vad åt författaren till middag?

8. Var låg restaurangen?

9. Vad tyckte författaren om maten?

10. Vilket var författarens allmänna intryck av Köln?

Besuch in Berlin

Ich wollte schon immer mal nach Berlin. Ich hatte schon so viel über die Stadt gehört - die Geschichte, die Kultur, das Essen. Als sich mir dann endlich die Gelegenheit bot, die Stadt zu besuchen, ergriff ich die Gelegenheit. Ich kam an einem kalten, grauen **Januartag** in Berlin an. Aber selbst das Wetter konnte meine Laune nicht trüben. Ich war begeistert, hier zu sein. Ich begann meine Erkundungstour durch die Stadt mit der **Besichtigung** einiger ihrer berühmtesten **Wahrzeichen**. Das Brandenburger Tor, der Reichstag, Checkpoint Charlie - all diese Orte hatte ich bisher nur auf Fotos oder im Fernsehen gesehen. Und jetzt war ich tatsächlich hier und stand vor ihnen. Ich verbrachte ein paar Tage damit, durch die Straßen Berlins zu schlendern und die **Sehenswürdigkeiten** und Geräusche dieser erstaunlichen Stadt in mich aufzunehmen. Ich aß Currywurst und trank Bier in Biergärten.

Ich habe Museen und **Kunstgalerien** besucht. Ich habe sogar eine Bootsfahrt auf der Spree gemacht. Ich habe mir auch einige weniger bekannte Orte angesehen, wie den **Mauerpark** und die East Side **Gallery**. Ich war wirklich beeindruckt, wie viel Geschichte es in Berlin gibt. Jede Ecke schien eine Geschichte zu erzählen zu

Besök i Berlin

Jag har alltid velat besöka Berlin. Jag hade hört så mycket om staden - historien, kulturen, maten. Så när jag äntligen fick möjlighet att besöka staden tog jag chansen. Jag anlände till Berlin en kall, grå dag i **januari**. Men inte ens vädret kunde dämpa mitt humör. Jag var glad över att vara här. Jag började min utforskning av staden med att **besöka** några av dess mest kända **landmärken**. Brandenburger Tor, Reichstag, Checkpoint Charlie - alla dessa platser hade jag bara sett på foton eller på TV. Och nu var jag faktiskt här och stod framför dem. Jag tillbringade några dagar med att bara vandra runt på Berlins gator och ta in **sevärdheterna** och ljuden i denna fantastiska stad. Jag åt currywurst och drack öl i ölträdgårdar.

Jag besökte museer och **konstgallerier**. Jag tog till och med en båttur på floden Spree. Jag såg också till att kolla in några av de mindre kända platserna, som **Mauerpark** och East Side **Gallery**. Jag blev verkligen imponerad av hur mycket historia det finns i Berlin. Varje hörn verkade ha en historia att berätta. Jag älskade att lära mig om stadens förflutna och alla de **olika** kulturer som har påverkat den. Jag njöt också av maten och nattlivet i Berlin. Det finns så många bra restauranger och barer att välja mellan. jag gick in i

haben. Ich fand es toll, etwas über die Vergangenheit der Stadt und all die **verschiedenen** Kulturen zu erfahren, die sie beeinflusst haben. Ich habe auch das Essen und das Nachtleben in Berlin genossen. Es gibt so viele tolle Restaurants und Bars, aus denen man wählen kann. Ich betrat die Bar und fühlte mich sofort fehl am Platz. Es war zu hell, zu laut, und alle schienen viel zu viel Spaß zu haben. Ich bestellte ein **Bier** und setzte mich allein an einen Tisch. Ich beobachtete die Leute eine Weile und fragte mich, was ihre Geschichten waren. Waren sie Einheimische oder Touristen?
Was machten sie in Berlin? Während ich an meinem Bier nippte, begann ich mich zu entspannen und die Atmosphäre zu genießen. Das war der Grund, warum ich Berlin liebte - es war immer so lebendig und es gab immer **etwas** Neues zu entdecken. Die **Musik** begann in meinem Körper zu pulsieren, und ich konnte nicht anders, als mit dem Fuß mitzuwippen. Es dauerte nicht lange, und ich erhob mich von meinem Platz und tanzte allein in der Mitte des Lokals. Niemand kümmerte sich darum, dass ich niemanden kannte - sie waren alle zu sehr damit beschäftigt, sich zu amüsieren. Ich verließ die Bar lächelnd und war glücklich, eine andere Seite Berlins kennengelernt zu haben, von der ich gar nicht wusste, dass sie existiert.

baren och kände mig genast lite malplacerad. Det var för ljust, för högt och alla verkade **ha** alldeles för roligt. Jag beställde en **öl och satte** mig vid ett bord för mig själv. Jag tittade på folk ett tag och undrade vad deras historier var. Var de lokalbefolkning eller turister? Vad gjorde de i Berlin? När jag drack min öl började jag slappna av och njuta av atmosfären. Det var därför jag älskade Berlin - det var alltid så levande och det fanns alltid **något** nytt att upptäcka. **Musiken** började pulsa i min kropp och jag kunde inte låta bli att klappa med foten. Inom kort var jag uppe ur min stol och dansade själv mitt i baren. Ingen brydde sig om att jag inte kände någon - de var alla för upptagna med att roa sig. Jag lämnade baren med ett leende och kände mig lycklig över att ha upplevt en annan sida av Berlin som jag inte visste fanns.

Fragen zum Verständnis

1. Wie war das Wetter, als der Autor in Berlin ankam?

2. Welche Orte hat der Autor während seines Aufenthalts in Berlin besucht?

3. Wie fand der Autor das Essen in Berlin?

4. Welchen Eindruck hatte der Autor von den Menschen in Berlin?

5. Wie fand der Autor das Nachtleben in Berlin?

6. Was hält der Autor von der Geschichte der Stadt?

7. Was hat dem Autor an seinem Besuch in Berlin am besten gefallen?

8. Was hat der Autor zum Abendessen im Restaurant bestellt?

Frågor om förståelse

1. Hur var vädret när författaren kom till Berlin?

2. Vilka platser besökte författaren i Berlin?

3. Vad tyckte författaren om maten i Berlin?

4. Vilket intryck fick författaren av människorna i Berlin?

5. Vad tyckte författaren om nattlivet i Berlin?

6. Vad tyckte författaren om stadens historia?

7. Vad var det bästa med Berlin för författaren?

8. Vad beställde författaren till middag på restaurangen
?

Fußballspiel

Als junger Amerikaner habe ich mich nie wirklich für Fußball interessiert. Ich wusste zwar davon, und ich hatte ein paar Spiele im Fernsehen gesehen, aber es **hat** mich nie wirklich interessiert. Als ich jedoch nach Deutschland zog, um zu studieren, begann ich, eine echte Liebe für diesen Sport zu entwickeln. Und wo könnte man besser **Fußball** sehen als in Deutschland, wo einige der besten Mannschaften der Welt zu Hause sind? Als mir ein Freund von einem Fußballspiel in Berlin erzählte, wusste ich, dass ich unbedingt hingehen musste. Ich war noch nie zuvor bei einem Spiel gewesen, geschweige denn bei einem Fußballspiel, aber ich war **gespannt darauf**, etwas Neues zu erleben. Das **Spiel** war unglaublich. Tausende von Menschen aus ganz Deutschland (und sogar einige aus anderen Ländern) kamen zusammen, um ihre Liebe zum Fußball zu feiern. Es waren so viele verschiedene Mannschaften vertreten, und alle sangen und skandierten gemeinsam. Es war eine unglaubliche Atmosphäre.

Damals wusste ich noch nicht viel über den deutschen Fußball, aber ich erfuhr schnell, dass Bayern München die beliebteste Mannschaft war. Und wie sich herausstellte, spielten sie auch im **Endspiel**. Es

Fotbollsmatch

Som ung amerikan var jag aldrig riktigt intresserad av fotboll.Jag kände till den och hade sett några matcher på TV, men den **fångade** aldrig riktigt mitt intresse. Men när jag flyttade till Tyskland för att studera började jag utveckla en verklig kärlek till sporten. Och finns det något bättre ställe att titta på **fotboll på** än i Tyskland, där några av världens bästa lag finns? Så när en vän berättade om en fotbollsmatch i Berlin visste jag att jag var tvungen att åka dit. Jag hade aldrig varit på en match tidigare, än mindre på en fotbollsmatch, men jag var **förväntansfull** över att få uppleva något nytt. **Matchen** var otrolig. Tusentals människor från hela Tyskland (och även några från andra länder) samlades för att fira sin kärlek till fotboll. Det fanns så många olika lag representerade, och alla sjöng och sjöng tillsammans. Det var en fantastisk atmosfär.

Jag visste inte mycket om tysk fotboll vid den tiden, men jag fick snabbt veta att Bayern München var det mest populära laget. Och det visade sig att de också spelade i slutspelet. Det var tidigt **på** morgonen när vi anlände till Frankfurt. Staden sov fortfarande, men vi kunde känna spänningen i luften. Vi tog oss till mötesplatsen, där folk redan hade **börjat** samlas. Vi anslöt oss till folkmassan och började marschera. Solen

war in den frühen Morgenstunden, als wir in Frankfurt ankamen. Die Stadt schlief noch, aber wir konnten die Aufregung in der Luft spüren. Wir machten uns auf den Weg zum Treffpunkt, wo sich bereits Menschen **versammelten**. Wir schlossen uns der Menge an und begannen zu marschieren. Die Sonne ging gerade auf, als wir durch die Straßen von **Frankfurt zogen**. Je näher wir dem **Stadion kamen**, desto mehr Menschen schlossen sich uns an. Als wir dort ankamen, war das Stadion überfüllt mit Menschen. Wir sangen und skandierten, während wir um das Stadion marschierten. Die **Atmosphäre** war elektrisierend. Wir konnten die Kraft der Menschen um uns herum spüren. Wir waren vereint in unserer Liebe für unser Team und unser Land. Der Marsch ging noch stundenlang weiter, aber schließlich war es Zeit, nach Hause zu gehen. Wir verließen das Stadion, unsere Stimmen klangen noch in unseren Ohren.

Wir haben heute Geschichte geschrieben. Wir haben der Welt gezeigt, dass Deutschland eine Kraft ist, mit der man **rechnen muss**. Ich war in **Deutschland**, als die Weltmeisterschaft dort stattfand. Es war ein wunderschöner Tag für einen Fußballmarsch. Die Sonne schien und die **deutschen** Fans waren in voller Montur unterwegs. Sie waren alle in den Farben ihrer Mannschaften gekleidet und sangen und skandierten, während sie gingen. Es war ein Meer aus Rot, Weiß und Schwarz.

höll på att gå upp när vi tog oss fram genom **Frankfurts** gator. Ju närmare **stadion** vi kom desto fler människor anslöt sig till oss. När vi kom fram var stadion överfylld av människor. Vi skanderade och sjöng medan vi marscherade runt stadion. **Stämningen** var elektrisk. Vi kunde känna kraften hos människorna runt omkring oss. Vi var förenade i vår kärlek till vårt lag och vårt land. Marschen pågick i flera timmar, men till slut var det dags att gå hem. Vi lämnade stadion med våra röster fortfarande klingande i våra öron.

Vi har skrivit historia i dag. Vi har visat världen att Tyskland är en kraft att **räkna** med. Jag var i **Tyskland** när fotbolls-VM hölls där. Det var en vacker dag för en fotbollsmarsch. Solen sken och de **tyska** fansen var ute i full styrka. De var alla klädda i sina lagfärger och skanderade och sjöng på vägen. Det var ett hav av rött, vitt och svart.

Fragen zum Verständnis

1. Wie war die Atmosphäre im Stadion?

2. Wie hat sich der Autor gefühlt, als er das Spiel miterleben konnte?

3. Was war das einprägsamste Erlebnis für den Autor?

4. Wie war es für den Autor, die Mannschaft herauskommen zu sehen?

5. Wie war das noch gleich?

6. Wie war es für den Autor, an dem Marsch teilzunehmen?

7. Wie hat der Autor die Erfahrung insgesamt empfunden?

8. Wie war die Stimmung in der Menge?

Frågor om förståelse

1. Hur var stämningen på arenan?

2. Hur kändes det för författaren att få bevittna matchen?

3. Vad var den mest minnesvärda upplevelsen för författaren?

4. Hur var det för författaren att se laget komma ut?

5. Vad var det för typ?

6. Hur var det för författaren att delta i marschen?

7. Vad tyckte författaren om upplevelsen som helhet?

8. Hur såg publiken ut?

Oktoberfest

Jedes Jahr strömen **Hunderttausende** von Menschen zum Oktoberfest, dem **größten Volksfest** der Welt, nach München. Die Veranstaltung ist ein Fest der bayerischen Kultur, das zwei **Wochen lang dauert** und am ersten Oktoberwochenende seinen Höhepunkt erreicht. Für viele Menschen ist das Oktoberfest eine Gelegenheit, sich auszutoben und kräftig zu feiern. Die Bierzelte sind immer voll, und es ist nicht **ungewöhnlich, dass man** Leute sieht, die herumstolpern und kaum stehen können. Aber das Oktoberfest ist auch eine familienfreundliche Veranstaltung mit vielen Aktivitäten für Kinder. Ich wollte schon immer mal auf das Oktoberfest gehen, aber ich habe es nicht geschafft, bis Ich war Anfang **zwanzig**, als ich endlich die Reise antrat. Ich reiste mit einer Gruppe von Freunden, und wir hatten eine tolle Zeit. Wir begannen unsere Tage damit, **München** zu erkunden und einige **Sehenswürdigkeiten zu besichtigen**. Am Nachmittag fuhren wir dann zum Oktoberfestgelände und blieben dort bis spät in die Nacht.

Wir probierten all die **verschiedenen** Bierzelte aus und aßen viele traditionelle bayerische Gerichte. Wir gingen auch auf einige der Fahrgeschäfte, die überraschenderweise nicht so überfüllt waren, wie ich

Oktoberfest

Varje år kommer **hundratusentals** människor till München för Oktoberfest, världens **största** mässa. Evenemanget är ett firande av den bayerska kulturen och pågår i två **veckor, med** kulmen den första helgen i oktober. För många människor är Oktoberfest en chans att släppa loss och festa hårt. Öltälten är alltid fullsatta och det är inte **ovanligt** att se människor som snubblar runt och knappt kan stå. Men oktoberfesten är också ett familjevänligt evenemang med massor av aktiviteter för barn. Jag hade alltid velat gå på Oktoberfest, men det var inte förrän Jag var i **tjugoårsåldern** när jag äntligen gjorde resan. Jag åkte med en grupp vänner och vi hade en fantastisk tid. Vi började våra dagar med att utforska **München** och göra lite **sightseeing**. Sedan begav vi oss till oktoberfestområdet på eftermiddagen och stannade där till sent på kvällen.

Vi provade alla **olika** öltält och åt massor av traditionell bayersk mat. Vi åkte också på några av åkattraktionerna, som förvånansvärt nog inte var så fulla som jag trodde att de skulle vara. Doften av färska **kringlor** och öl fyllde luften när jag tog mig fram genom Oktoberfestmassorna. Jag kunde inte låta bli att le när jag tog in den festliga **atmosfären** - folk skrattade och dansade överallt där jag tittade. Jag köpte en ölkanna

dachte. Der Geruch von frischen **Brezeln** und Bier erfüllte die Luft, als ich mir meinen Weg durch die Oktoberfest-Massen bahnte. Ich konnte mir ein Lächeln nicht verkneifen, als ich die festliche **Atmosphäre in mich** aufnahm - überall lachten und tanzten die Leute. Ich kaufte mir einen Krug Bier und suchte mir einen Platz, um die Leute zu beobachten. Ich beobachtete, wie Gruppen von Freunden aufeinander anstießen, ihre Gläser aneinander stießen und große Schlucke Bier nahmen. Lachen und Musik erfüllten die Luft, und ich konnte nicht anders, als mit dem Fuß im Takt zu wippen. Plötzlich rempelte mich jemand von hinten an und **verschüttete** mein Bier über mein Hemd. Ich drehte mich um und sah eine Gruppe rüpelhafter Jugendlicher, die offensichtlich schon ziemlich betrunken waren. Sie **entschuldigten sich** vielmals und boten mir an, mir ein neues Bier zu kaufen. Ich lehnte ab, aber sie bestanden darauf, und so gab ich schließlich nach.

Ich unterhielt mich eine Weile mit ihnen und fand heraus, dass sie alle aus verschiedenen Teilen Deutschlands stammen. Sie **luden** mich an ihren Tisch **ein**, und ich hatte viel Spaß beim **Tanzen** und Trinken mit ihnen bis in die Nacht hinein. Als die Sonne aufging, wurde mir klar, dass ich eine unglaubliche Zeit erlebt hatte - das war definitiv eine Nacht, die ich nie vergessen werde! Am liebsten habe ich auf dem Oktoberfest einfach nur Leute beobachtet.

och hittade en plats för att titta på folk. Jag såg hur grupper av vänner skålade för varandra, klinkade sina glas tillsammans och tog stora klunkar öl. Ljudet av skratt och musik fyllde luften, och jag kunde inte låta bli att klappa med foten i takt. Plötsligt stötte någon till mig bakifrån och **spillde ut** min öl över hela min skjorta. Jag vände mig om och såg en grupp stökiga tonåringar som uppenbarligen redan var ganska fulla. De **bad om ursäkt och** erbjöd sig att köpa mig en ny öl. Jag avböjde, men de insisterade, så till slut gav jag efter.

Jag pratade med dem en stund och fick reda på att de alla kommer från olika delar av Tyskland. De **bjöd in** mig till deras bord och jag hade en fantastisk tid med att **dansa** och dricka med dem in i natten. När solen började gå upp insåg jag att jag hade haft en otrolig tid - det här var definitivt en kväll som jag aldrig kommer att glömma! Min favoritdel av Octoberfest var helt enkelt att titta på folk.

Fragen zum Verständnis

1. Wo findet jedes Jahr das Oktoberfest statt?

2. Wie viele Menschen besuchen jedes Jahr das Oktoberfest?

3. Wofür ist das Oktoberfest bekannt?

4. Wie lange dauert das Oktoberfest?

5. In welchem Monat findet das Oktoberfest statt?

6. Warum wollte der Autor das Oktoberfest besuchen?

7. Wie ist der Autor zum Oktoberfest gereist?

8. Was hat der Autor in den Bierzelten gemacht?

9. Welche Aktivitäten gab es für Kinder?

10. Warum hat der Autor seinen Aufenthalt genossen?

Frågor om förståelse

1. Var hålls Oktoberfest varje år?

2. Hur många människor besöker Oktoberfest varje år?

3. Vad är Oktoberfest känd för?

4. Hur länge varar Oktoberfest?

5. Vilken månad är Oktoberfest?

6. Varför ville författaren besöka Oktoberfest?

7. Hur reste författaren till Oktoberfest?

8. Vad gjorde författaren i öltälten?

9. Vilka aktiviteter fanns det för barnen?

10. Varför trivdes författaren i sitt land?

Am Strand

Nach Sonnenaufgang sind die Wellen lauter und der Sand oberhalb der Flut ist weiß. Ich gehe hinunter zum Strand, **bewundere** das Meer und die Sonne. Meine Zehen spüren die Rillen der Muscheln. Der Sand ist kalt an meinen Zehen. Ich lächle und gehe weiter. Die Flut ist hoch, also muss ich aufpassen, dass ich nicht hineingezogen werde. Ich laufe am Ufer entlang und bewundere das Meer. Der Sonnenaufgang ist **wunderschön**, und die Wellen plätschern. Ich fühle mich so friedlich. Ich komme zu einer Stelle, an der ein Felsvorsprung steht. Ich setze mich hin und beobachte die Wellen. Das Wasser ist so blau und der Himmel ist so **orange**. Ich fühle mich wie in einem Traum. Ich schließe die Augen und lausche einfach nur den Wellen. Ich saß lange Zeit dort, bis ich hörte, wie jemand meinen Namen rief.

Ich öffne meine Augen und sehe meine Mutter auf mich zukommen. Sie hat einen besorgten Ausdruck im Gesicht. Ich lächle und winke, und sie **entspannt sich**. “Ich habe mich schon gefragt, wo du bist”, sagt sie. “Ich freue mich, dass du den Strand genießt.” Ich antworte: “Das tue ich.” “Es ist so schön hier.” “Ich weiß”, sagt sie. “Als ich in deinem Alter war, bin ich ständig hierhergekommen.” “Wirklich?” frage ich. “Ja”,

På stranden

Efter soluppgången är vågorna högre och sanden ovanför tidvattnet är vit. Jag går ner till stranden och **beundrar** havet och solen. Mina tår känner skalens rännor. Sanden är kall på mina tår. Jag ler och fortsätter att gå. Tidvattnet är högt, så jag måste vara försiktig så att jag inte dras in. Jag går längs vattenkanten och beundrar havet. Soluppgången är **vacker och** vågorna slår mot varandra. Jag känner mig så fridfull. Jag kommer till en plats där det finns en klippavsats. Jag sätter mig ner och tittar på vågorna. Vattnet är så blått och himlen är så **orange**. Det känns som om jag befinner mig i en dröm. Jag blundar och lyssnar bara på vågorna. Jag satt där länge tills jag hörde någon ropa mitt namn.

Jag öppnar ögonen och ser min mamma gå mot mig. Hon har en orolig blick i ansiktet. Jag ler och vinkar och hon **slappnar av**. "Jag undrade vart du tog vägen", säger hon. "Jag är glad att du njuter av stranden." Jag svarar: "Det gör jag." "Det är så vackert här." "Jag vet", säger hon. "Jag brukade komma hit hela tiden när jag var i din ålder." "Verkligen?" Jag frågar. "Ja", svarar hon. "Det är ett speciellt ställe." "Träffade du någonsin någon speciell person här?" Jag frågar. "Det har jag gjort", svarar hon med ett leende. "Din far." "Verkligen?"

antwortet sie. “Es ist ein besonderer Ort.””Hast du hier jemals jemand Besonderen getroffen?” frage ich. “Ja”, antwortet sie mit einem Lächeln. “Deinen Vater.” “Wirklich?” sage ich **erstaunt**. “Ja”, sagt sie. “Wir waren früher immer zusammen hier. Hier haben wir uns verliebt. “Ich lächle und **stelle mir** meine Eltern **vor, wie sie sich** an diesem schönen Strand verlieben. “Es ist ein besonderer Ort”, wiederholt sie. “Ich bin froh, dass du heute hierher gekommen bist.”

Wir sitzen noch eine Weile da und **beobachten** die Wellen und den Sonnenuntergang. Dann stehen wir auf und gehen zurück zu unseren Strandtüchern. Ich lege mich hin und schaue mir die Sterne an. Ich fühle mich so glücklich und zufrieden. Die Wellen sind jetzt lauter, und der Sand ist kalt. Die Sonne geht unter und eine kühle Brise weht. Die Wellen schlagen gegen das Ufer, und der Geruch von Salz liegt in der Luft. Es ist ein perfekter Abend, um am Strand zu sein. Ich spaziere am Ufer entlang, **lausche dem** Rauschen der Wellen und beobachte den Sonnenuntergang. Ich sehe eine Gruppe von Menschen, die lachend und scherzend im Sand sitzen. Sie sehen aus, als hätten sie eine tolle Zeit. Ich gehe zu ihnen hin und frage, ob ich mich zu ihnen setzen darf. Sie sagen ja, und wir verbringen den Rest des Abends damit, uns zu unterhalten, zu lachen und den **Sonnenuntergang** zu beobachten. Es ist ein perfekter Abend. Die Gruppe und ich unterhalten uns, bis die Sonne untergeht.

Jag säger **förvånad**. “Ja”, säger hon. “Vi brukade komma hit hela tiden tillsammans. Det var här vi blev förälskade. “ Jag ler och **föreställer mig** mina föräldrar som förälskade sig på denna vackra strand. “Det är en speciell plats”, upprepar hon. “Jag är glad att du kom hit i dag.”

Vi sitter där ett tag till och **tittar på** vågorna och solnedgången. Sedan reser vi oss upp och går tillbaka till våra strandhanddukar. Jag lägger mig ner och tittar på stjärnorna. Jag känner mig så lycklig och nöjd. Vågorna är högre nu och sanden är kall. Solen håller på att gå ner och en sval bris blåser. Vågorna slår mot stranden och doften av salt ligger i luften. Det är en perfekt kväll att vara på stranden. Jag går längs stranden, **lyssnar** på vågornas ljud och tittar på solnedgången. Jag ser en grupp människor som sitter i sanden och skrattar och skämtar. De ser ut att ha det jättebra. Jag går fram till dem och frågar om jag får göra dem sällskap. De säger ja och vi tillbringar resten av kvällen med att prata, skratta och titta på **solnedgången**. Det är en perfekt kväll. Gruppen och jag pratar tills solen går ner.

Fragen zum Verständnis

1. Wohin geht die Erzählerin, nachdem sie aufgewacht ist?

2. Was bewundert die Erzählerin, während sie am Strand entlanggeht?

3. Worauf muss die Erzählerin aufpassen, wenn sie am Strand entlanggeht?

4. Wo setzt sich der Erzähler hin, um die Aussicht zu genießen?

5. Wie lange sitzt der Erzähler dort?

6. Wen sieht die Erzählerin, als sie ihre Augen wieder öffnet?

7. Was sagt die Mutter des Erzählers?

8. Worüber sprechen die Erzählerin und die Menschen, die sie trifft?

Frågor om förståelse

1. Vart går berättaren efter att hon vaknat?

2. Vad beundrar berättaren när hon går längs stranden?

3. Vad måste berättaren se upp för när hon går längs stranden?

4. Var sätter sig berättaren för att njuta av utsikten?

5. Hur länge sitter berättaren där?

6. Vem ser berättaren när hon öppnar ögonen igen?

7. Vad säger berättarens mamma?

8. Vad pratar berättaren och de människor hon träffar om?

Camping am See

Ich gehe auf den See zu und **bewundere** die Ruhe, die hier herrscht. Die Sonne brennt auf den kleinen See und lässt das Wasser wie eine Glasscheibe aussehen. Die einzige Bewegung ist das gelegentliche Plätschern eines Fisches, der die Oberfläche durchbricht. Selbst die Vögel scheinen sich von der Hitze zu erholen, denn nur das Zirpen der Zikaden erfüllt die Luft. **Plötzlich wird** die Ruhe durch ein lautes Plätschern unterbrochen. Ein großer **Fisch ist aus dem** Wasser gesprungen und versucht, eine Libelle zu fangen. Der Fisch verfehlt sein Ziel und fällt mit einem Platschen zurück ins Wasser. "Wow", denke ich mir, "das war ein großer Fisch!". Ich schaue mich um, um zu sehen, ob ihn noch jemand gesehen hat, aber es ist niemand da. Ich werde es ihnen wohl erzählen müssen, wenn ich zum Camp zurückkehre.

Die Hitze ist **drückend** und macht das Atmen schwer. Die Luft ist dick und schwer, wie eine Decke, die einen einhüllt. Die einzige Erleichterung bietet das Wasser. Es ist kühl und erfrischend, wie ein kaltes Getränk an einem heißen Tag. Ich atme tief ein und tauche ins Wasser ein. Die Erleichterung tritt sofort ein, als mich das kühle Wasser umgibt. Ich schwimme auf den Grund und dann wieder an die Oberfläche und spüre, wie das

Camping vid sjön

Jag går mot sjön och **beundrar den** fridfulla scenen. Solen slår ner på den lilla sjön och får vattnet att se ut som en glasskiva. Den enda rörelsen är enstaka krusningar från en fisk som **bryter** ytan. Till och med fåglarna verkar ta en paus från värmen, endast ljudet av cikador fyller luften. **Plötsligt** bryts lugnet av ett högt plask. En stor **fisk** har hoppat upp ur vattnet och försöker fånga en trollslända. Fisken missar sitt mål och faller tillbaka i vattnet med ett plask. "Wow", tänker jag för mig själv, "det var en stor fisk!". Jag tittade mig omkring för att se om någon annan hade sett den, men det fanns ingen i närheten. Jag antar att jag får berätta för dem när jag kommer tillbaka till lägret.

Värmen är **tryckande och det är** svårt att andas. Luften är tjock och tung, som en filt som sveps runt dig. Den enda lättnaden finns i vattnet. Det är svalt och uppfriskande, som en kall dryck en varm dag. Jag tar ett djupt andetag och dyker ner i vattnet. Lättnaden är omedelbar när det svala vattnet omger mig. Jag simmar ner till botten och sedan tillbaka upp till ytan och känner hur vattnet kyler min kropp. Jag fortsätter att **simma** varv, och njuter av andningen från värmen. Efter ett tag stiger jag upp ur vattnet och lägger mig på gräset för att låta solen torka min kropp. Jag sluter ögonen och

Wasser meinen Körper kühlt. Ich **schwimme** weiter meine Runden und genieße die Abkühlung von der Hitze. Nach einer Weile steige ich aus dem Wasser und lege mich ins Gras, damit die Sonne meinen Körper trocknen kann. Ich schließe die Augen und schlafe ein. Das **Zirpen der Zikaden** wiegt mich in einen tiefen Schlaf. Ich lasse die Sonne das Wasser aus meiner Haut brennen. Ich spüre, wie meine Haut rot wird, aber es ist mir egal. Mir ist zu heiß, als dass es mir etwas ausmachen würde, und schon geht die Sonne unter. Der Himmel färbt sich orange mit rosa und violetten Reflexen. Die Hitze ist verschwunden und wird durch eine kühle **Brise** ersetzt.

Ich stehe auf und ziehe mich wieder an, fühle mich erfrischt und verjüngt. Ich **atme** tief die kühle Luft ein und lächle. Es ist ein gutes Gefühl, am Leben zu sein. Ich laufe zurück zum Campingplatz und bewundere, wie die Farben am Himmel tanzen. In der Ferne sehe ich das Lagerfeuer brennen und kann den Rauch in der Luft riechen. Ich lächle und **beschleunige** mein Tempo. Ich bin bereit, mich zu entspannen und den Rest des Abends zu genießen. Ich betrete den Lagerplatz und sehe, dass alle um das Feuer versammelt sind. Sie **lachen** und scherzen, und ich kann sehen, wie sich das Feuer in ihren Augen spiegelt. Ich lächle und setze mich neben meine Freunde. Es ist schön, wieder hier zu sein. Am nächsten Morgen stehe ich früh auf und beginne, meine Sachen zu packen.

somnar, ljudet av **cikadorna** vaggar mig in i en djup sömn. Jag låter solen bränna vattnet ur min hud. Jag känner hur min hud blir röd, men jag bryr mig inte. Jag är för varm för att bry mig. nästa sak jag vet är att solen går ner. Himlen är vackert orange med strimmor av rosa och lila. Hettan är borta och ersätts av en sval **bris**.

Jag reser mig upp och tar på mig kläderna igen, känner mig fräsch och föryngrad. Jag tar ett djupt **andetag** av den svala luften och ler. Det känns bra att vara vid liv. Jag går tillbaka till lägerplatsen och beundrar hur färgerna dansar på himlen. Jag ser lägerelden brinna i fjärran och känner lukten av rök i luften. Jag ler och **ökar** tempot. Jag är redo att slappna av och njuta av resten av kvällen. Jag går in på lägerplatsen och ser att alla är samlade runt elden. De **skrattar** och skämtar, och jag kan se elden spegla sig i deras ögon. Jag ler och sätter mig bredvid mina vänner. Det är skönt att vara tillbaka. Nästa morgon vaknar jag tidigt och börjar packa mina saker.

Fragen zum Verständnis

1. Wohin geht der Wanderer?

2. Was für ein Wetter ist es?

3. Wie sieht das Wasser aus?

4. Wie reagiert der Wanderer auf die Hitze?

5. Was macht der Fisch?

6. Warum ist der Wanderer allein?

7. Wie fühlt sich das Wasser an?

8. Wie fühlt sich der Wanderer nach dem Schwimmen?

9. Zu welcher Tageszeit wacht der Wanderer auf?

10. Wohin geht der Wanderer, wenn er das Lager verlässt?

Frågor om förståelse

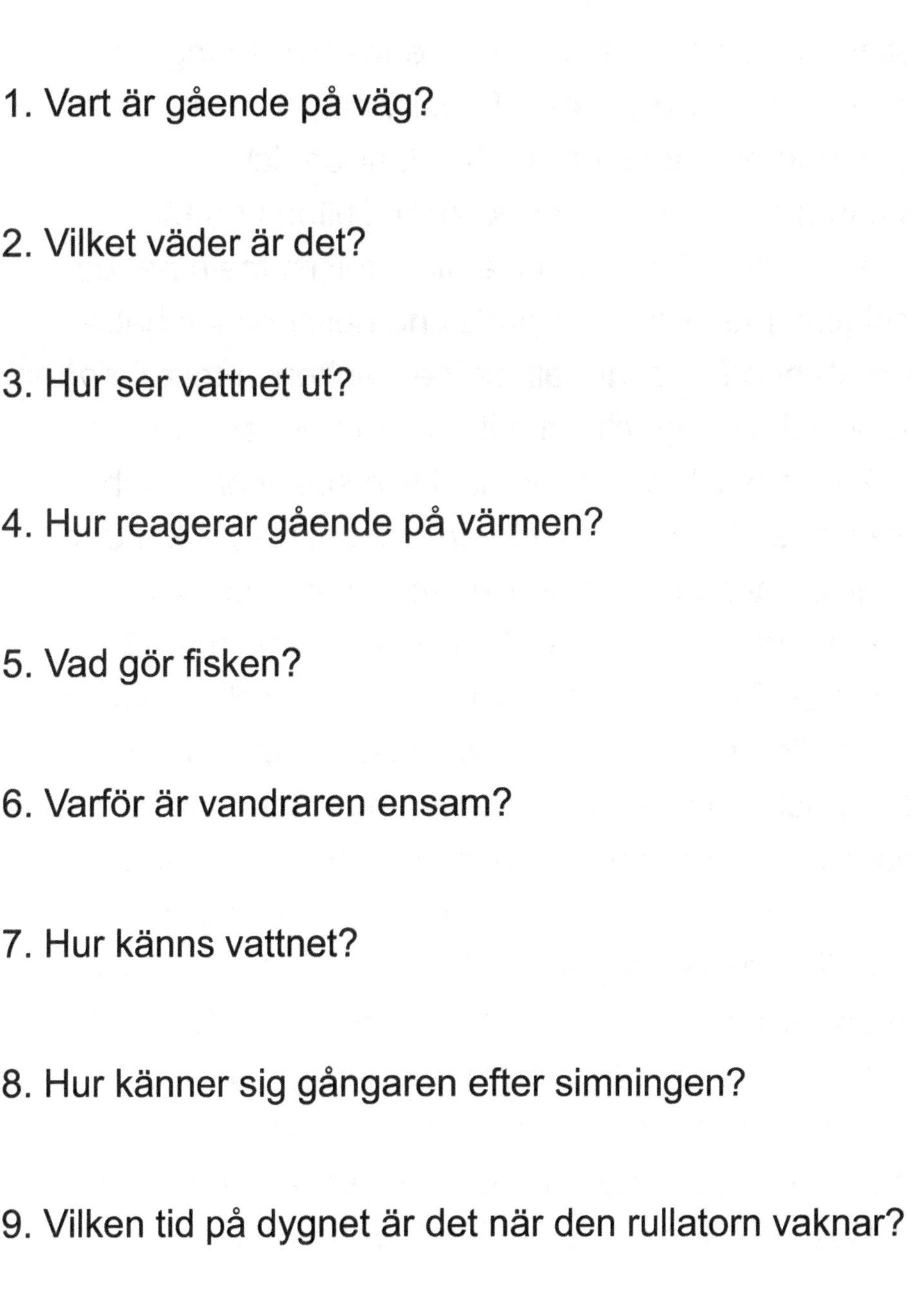

1. Vart är gående på väg?

2. Vilket väder är det?

3. Hur ser vattnet ut?

4. Hur reagerar gående på värmen?

5. Vad gör fisken?

6. Varför är vandraren ensam?

7. Hur känns vattnet?

8. Hur känner sig gångaren efter simningen?

9. Vilken tid på dygnet är det när den rullatorn vaknar?

10. Vart tar vandraren vägen när han lämnar lägret?

Das Haus

Letzte Woche bin ich in mein neues Haus eingezogen, und ich bin so **aufgeregt**! Es ist viel größer als mein altes, und es hat einen großen Garten. Ich kann es kaum erwarten, Freunde zum Grillen und für Partys einzuladen. Mein Lieblingsteil ist mein neues Schlafzimmer. Es ist so groß und hell, und ich habe jede Menge Platz, um all meine Sachen unterzubringen. Ich bin wirklich glücklich mit meinem neuen Haus und denke, dass ich hier sehr glücklich sein werde. Ich beschloss, das Haus noch ein bisschen zu erkunden. Ich ging nach oben in den zweiten Stock und machte mich auf den Weg in die Küche, als ich eine große schwarze Spinne an der Wand sah! Ich schrie auf und rannte die Treppe hinunter. Ich war so **erschrocken**! Aber nach ein paar Minuten beruhigte ich mich und beschloss, wieder nach oben zu gehen. Langsam machte ich mich auf den Weg in die Küche und sah, dass die Spinne weg war. Ich war so erleichtert! Ich ging wieder nach unten und beschloss, nach draußen zu gehen, um den **Garten zu** erkunden. Sie war so groß! Ich konnte es nicht glauben. Ich sah eine Schaukel in der Ecke und eine Rutsche. Ich sah auch ein Basketballnetz und ein **Trampolin**. Ich war so aufgeregt!

Huset

Jag flyttade in i mitt nya hus förra veckan, och jag är så **glad**! Det är så mycket större än mitt gamla och har en stor bakgård. Jag kan inte vänta på att få bjuda in vänner till grillkvällar och fester. Min favoritdel är mitt nya sovrum. Det är så stort och ljust, och jag har massor av utrymme att ställa alla mina saker. Jag är verkligen nöjd med mitt nya hus och jag tror att jag kommer att bli väldigt lycklig här. Jag bestämde mig för att utforska huset lite mer. Jag gick upp till andra våningen och började ta mig till köket när jag såg en stor svart spindel på väggen! Jag skrek och sprang ner för trappan. Jag var så **rädd**! Men efter några minuter lugnade jag mig och bestämde mig för att gå upp igen. Jag tog mig sakta fram till köket och såg att spindeln var borta. Jag var så lättad! Jag gick ner igen och bestämde mig för att gå ut och utforska **bakgården**. Den var så stor! Jag kunde inte tro det. Jag såg en gungställning i hörnet och en rutschkana. Jag såg också ett basketnät och en **studsmatta**. Jag var så uppspelt!

Jag kan inte vänta på att få använda alla dessa nya saker. **Grannarna** kom över och presenterade sig. De verkade riktigt trevliga och vi pratade en stund. De bjöd in mig till deras grillfest nästa helg, och jag sa att jag gärna vill komma. Jag har haft en fantastisk

Ich kann es kaum erwarten, all diese neuen Sachen zu benutzen. Die **Nachbarn** kamen vorbei und stellten sich vor. Sie schienen wirklich nett zu sein, und wir unterhielten uns eine Weile. Sie luden mich zu ihrem Grillfest am nächsten Wochenende ein, und ich sagte, dass ich gerne kommen würde. Ich hatte eine tolle erste Woche in meinem neuen Haus und freue mich auf all die neuen Abenteuer, die vor mir liegen. Heute werde ich wieder im Garten auf Entdeckungstour gehen und sehen, was ich noch alles finden kann. Wer weiß, vielleicht finde ich ja sogar einen **Schatz**. Ich kann es kaum erwarten, zu sehen, was die nächste Woche bringt! In der nächsten Woche bin ich wieder im Garten auf Entdeckungsreise gegangen und habe einen **geheimen** Garten gefunden. Er war so schön! Überall waren Blumen und ein kleiner Teich mit Fischen drin. Ich habe auch eine Schaukel gesehen, die ich vorher noch nie gesehen hatte. Ich war so aufgeregt, diesen geheimen Garten zu finden, und ich kann es kaum erwarten, ihn weiter zu erkunden. Er war so **schön**!

Überall gab es Blumen und einen kleinen Teich mit Fischen darin. Ich habe auch eine **Schaukel** gesehen, die ich vorher noch nie gesehen hatte. Ich war so aufgeregt, diesen geheimen Garten zu finden, und ich kann es kaum erwarten, ihn weiter zu erkunden. Mein neues Zimmer hat mir auch gut gefallen. Es war so groß und hell, und an den Wänden hingen bereits Poster von meinen Lieblingsbands.

första vecka i mitt nya hus, och jag är förväntansfull inför alla nya äventyr som väntar. I dag ska jag gå på upptäcktsfärd i trädgården igen och se vad mer jag kan hitta. Vem vet, kanske hittar jag till och med en **skatt**. Jag kan inte vänta på att se vad nästa vecka kommer att föra med sig! Nästa vecka gick jag på upptäcktsfärd i trädgården igen och hittade en **hemlig** trädgård. Den var så vacker! Det fanns blommor överallt och en liten damm med fiskar i. Jag såg också en gungställning som jag inte hade sett förut. Jag blev så glad över att hitta den här hemliga trädgården och jag kan inte vänta på att utforska den mer. Den var så **vacker**!

Det fanns blommor överallt och en liten damm med fiskar i. Jag såg också en gungställning som jag inte hade sett förut. Jag var så glad över att hitta den här hemliga trädgården och jag kan inte vänta på att utforska den mer. Jag älskade också mitt nya rum. Det var så stort och ljust, och det fanns redan affischer med mina favoritband på väggarna.

Fragen zum Verständnis

1. Wo wohnt die Person?

2. Wie gefällt es der Person im neuen Haus?

3. Was gefällt der Person am besten an ihrem neuen Haus?

4. Was hat die Person im Garten gefunden?

5. Wer sind die Nachbarn?

6. Wie hat sich die Person in den ersten Tagen in der neuen Wohnung gefühlt?

7. Was gefällt der Person am besten an ihrem neuen Zimmer?

8. Was plant die Person morgen zu tun?

9. Was war das Beste an der ersten Woche im neuen Haus?

10. Was befindet sich alles in dem neuen Zimmer der Person?

Frågor om förståelse

1. Var bor personen?

2. Hur trivs personen i det nya huset?

3. Vad är personens favoritdel i det nya huset?

4. Vad hittade personen i trädgården?

5. Vilka är grannarna?

6. Hur kändes de första dagarna i det nya huset?

7. Vad är personens favoritdel i det nya rummet?

8. Vad planerar personen att göra i morgon?

9. Vad var det bästa med personens första vecka i det nya huset?

10. Vad finns i personens nya rum?

Im Zug

Ich rannte zum Bahnhof, aber ich war zu spät. Der Zug war bereits ohne mich abgefahren. Ich war so **wütend** und **enttäuscht** von mir selbst. Ich hatte geplant, mit dem Zug meine Großeltern zu besuchen, die auf dem Land leben, aber jetzt würde ich eine ganze Stunde auf den nächsten Zug warten müssen. Ich beschloss, stattdessen eine Weile durch die Stadt zu laufen und versuchte, die verpasste Gelegenheit zu vergessen. Beim Spazierengehen begann ich von all den Orten zu **träumen, an die man mit dem Zug** gelangen kann. Plötzlich war ich nicht mehr so verärgert. Ich gehe zurück in den Bahnhof und kann nicht umhin, die große rot-weiß-blaue Lokomotive zu bemerken, die auf mich zu tuckert. Erst als ich den **Schaffner** sehe, der mir aus dem Fenster zuwinkt, wird mir klar, dass dieser Zug für mich bestimmt ist. Ich steige ein, suche mir einen Sitzplatz und mache mich auf eine lange Reise gefasst.

Als wir aus dem Bahnhof fahren, frage ich mich, wohin dieser Zug mich wohl bringen wird. Durch grüne **Felder** und über blaue Flüsse, vorbei an Bergen und Tälern - man weiß nie, wohin dieser alte Zug fahren wird. Als die Nacht hereinbricht, falle ich in einen **friedlichen** Schlaf, der von der **rhythmischen** Bewegung der Waggons auf den Gleisen unter mir eingelullt wird. Als

På tåget

Jag sprang till tågstationen, men det var för sent. Tåget hade redan gått utan mig. Jag kände mig så **arg** och **besviken** på mig själv. Jag hade planerat att ta tåget för att besöka mina morföräldrar som bor på landet, men nu skulle jag behöva vänta en hel timme på nästa tåg. Jag bestämde mig för att gå runt i staden en stund i stället och försökte glömma min missade möjlighet. Medan jag gick började jag **dagdrömma** om alla de platser som **tågen** kan ta en till. Plötsligt var jag inte längre så upprörd. Jag går tillbaka in på stationen och kan inte låta bli att lägga märke till det stora röda, vita och blå lokomotivet som tuffar fram mot mig. Det är inte förrän jag ser **konduktören** vinka till mig från fönstret som jag förstår att det här tåget är till mig. Jag går ombord på tåget och hittar min plats och sätter mig ner för vad som lovar att bli en lång resa.

När vi lämnar stationen kan jag inte låta bli att undra vart tåget kommer att ta mig. Genom gröna **fält** och över blå floder, förbi berg och dalar, det går inte att säga vart det här gamla tåget kommer att ta vägen. När mörkret börjar falla glider jag in i en **fridfull** sömn, vaggad av den **rytmiska** rörelsen av vagnarna på spåren nedanför. När morgonen kommer igen öppnar jag ögonen och upptäcker att vi har anlänt till en liten

ich am nächsten Morgen die Augen öffne, sehe ich, dass wir in einer kleinen Stadt irgendwo im Nirgendwo angekommen sind. Die Sonne lugt gerade über den Horizont, als die Einheimischen beginnen, sich auf der Hauptstraße zu bewegen. Es sieht aus wie jeder andere Tag hier, bis auf eine Ausnahme: In der Nähe des Rathauses steht ein großes Schild mit der Aufschrift "Willkommen an Bord! Es scheint, als hätte diese kleine Stadt uns erwartet, obwohl wir nur ein gewöhnlicher Personenzug sind, der auf dem Weg zu einem anderen Ziel durchfährt. Als wir die Stadt wieder hinter uns lassen und in Richtung wer weiß wohin tuckern, lächle ich über all die freundlichen Gesichter, die uns aus den kleinen Häusern zwischen den **Feldern** zuwinken **- es ist** wirklich erstaunlich, wie etwas so scheinbar Alltägliches so viel Freude bereiten kann, wenn man einfach durchfährt. Und dann sind da natürlich noch die **Kinder**.

Ich lehne mich aus dem Fenster meiner Lokomotive. Mit ihren leuchtenden Augen und ihrem breiten Grinsen machen sie mich immer so glücklich. Ich winke ihnen energisch zu, bevor ich in mein **Abteil** zurückkehre und mich setze. Es war schon ein langer Tag, aber er ist noch nicht zu Ende; es sind noch ein paar Stunden, bis wir unser endgültiges **Ziel** erreichen. Ich ziehe mein Buch heraus und beginne zu lesen, während mich das rhythmische Schaukeln des Zuges in einen friedlichen Zustand versetzt.

stad någonstans mitt ute i ingenstans. Solen tittar precis över horisonten när lokalbefolkningen börjar mingla runt på Main Street; det ser ut som vilken dag som helst här förutom en sak - det finns en stor skylt uppsatt nära stadshuset där det står “Välkommen ombord!”. Det verkar som om den här lilla staden har väntat på oss, trots att vi bara är ett vanligt passagerartåg som passerar på väg någon annanstans. När vi återigen lämnar staden bakom oss och tuffar vidare mot vem vet vart vi ska, ler jag åt alla vänliga ansikten som vinkar adjö från de små husen som ligger inbäddade bland **jordbruksmarken - det** är verkligen fantastiskt hur något så till synes ordinärt kan ge så mycket glädje bara genom att passera. Och sedan finns det naturligtvis **barnen**.

Jag lutar mig ut genom fönstret på mitt lokomotiv. De får mig alltid att känna mig så lycklig med sina lysande ögon och stora leenden. Jag vinkade energiskt tillbaka till dem innan jag återvände till min **hytt** och satte mig ner. Det har redan varit en lång dag, men den är inte över än; det är fortfarande några timmar kvar tills vi når vår **slutdestination**. Jag tar fram min bok och börjar läsa och låter tågets rytmiska gungning vagga mig in i ett lugnt tillstånd.

Fragen zum Verständnis

1. Wohin fährt der Zug?

2. Wer reist mit dem Zug?

3. Wann fährt der Zug ab?

4. Wie kommt der Protagonist in den Zug?

5. Woher kommt der Zug?

6. Wohin fährt der Zug als nächstes?

7. Wann sind die Passagiere angekommen?

8. Wie fühlt sich der Protagonist, als er den Zug verpasst?

9. Wie reagiert der Zugführer, als er den Protagonisten sieht?

10. Warum mag der Protagonist Züge?

Frågor om förståelse

1. Vart är tåget på väg?

2. Vem reser med tåget?

3. När avgår tåget?

4. Hur kommer huvudpersonen ombord på tåget?

5. Varifrån kommer tåget?

6. Vart ska tåget åka nästa gång?

7. När anlände passagerarna?

8. Hur känner sig huvudpersonen när han missar tåget?

9. Hur reagerar lokföraren när han ser huvudpersonen?

10. Varför gillar huvudpersonen tåg?

Abendessen kochen

Es ist jetzt 17 Uhr und ich gehe von der Arbeit nach Hause. Ich freue **mich** auf einen ruhigen Abend zu Hause mit meinem Partner. Wir werden gemeinsam kochen und dann den Rest des Abends einfach nur entspannen. Es ist ein gutes Gefühl, zu wissen, dass ich heute **Abend** keine Pläne oder Verpflichtungen habe. Als ich zu Hause ankomme, steht mein Partner bereits in der Küche und beginnt mit der Zubereitung unseres Abendessens. Es riecht **fantastisch** hier drin! Während wir kochen, plaudern wir über den Tag des anderen und erzählen uns kleine Geschichten aus unserem Arbeitsleben. Die Küche ist mein Lieblingsraum in unserer Wohnung. Ich liebe es zu kochen, und ganz besonders liebe ich es, mit meinem Partner zu kochen. Wir haben immer so viel Spaß hier drin, lachen und scherzen, während wir kochen. Außerdem schmeckt das Essen immer **unglaublich gut**, wenn wir **zusammen** arbeiten.

Heute Abend machen wir eines meiner absoluten Lieblingsrezepte: **Hähnchen** Parmesan. Mein Partner beginnt mit dem Panieren des Hähnchens, während ich die Soße auf dem **Herd** zum Kochen bringe. Wir arbeiten zusammen wie eine gut geölte Maschine,

Matlagning av middag

Klockan är 17.00 och jag går hem från jobbet. Jag ser **fram emot en** lugn kväll hemma med min partner. Vi ska laga middag tillsammans och sedan bara slappna av resten av kvällen. Det känns skönt att veta att jag inte har några planer eller skyldigheter den här **kvällen**. Jag kommer hem och min partner står redan i köket och börjar förbereda vår middag. Det luktar **fantastiskt** här inne! Vi pratar medan vi lagar mat, tar del av varandras dagar och delar med oss av små historier från våra arbetsliv. Köket är mitt favoritrum i vår lägenhet. Jag älskar att laga mat, och jag älskar särskilt att laga mat tillsammans med min partner. Vi har alltid så roligt här inne, skrattar och skämtar medan vi lagar en storm. Dessutom blir maten alltid **otrolig** när vi arbetar **tillsammans**.

Ikväll ska vi laga ett av mina absoluta favoritrecept: **kyckling** parmesan. Min partner börjar med att panera kycklingen medan jag får såsen att sjuda på **spisen**. Vi arbetar tillsammans som en väloljad maskin och snart är middagen klar att serveras. Vi sätter oss vid vårt lilla köksbord med **tallrikar** fulla med kyckling parmesan, pasta och sallad. Vi klinkar i glasen och tar vår första tugga - och den är **himmelsk**! Kycklingen är krispig

und schon bald ist das Abendessen servierfertig. Wir setzen uns an unseren kleinen Küchentisch mit **Tellern voller** Hähnchen Parmesan, Nudeln und Salat. Wir stoßen mit den Gläsern an und nehmen unseren ersten Bissen - und der ist **himmlisch**! Das Hähnchen ist außen knusprig, aber innen saftig; die Soße ist würzig und perfekt; die Nudeln sind al dente gekocht... alles schmeckt heute Abend absolut perfekt. Wir wissen beide, dass dies einer dieser Abende war, an denen alles perfekt zusammenpasst, und wir **genießen** jeden einzelnen Bissen unseres köstlichen Essens. Es hat sogar noch besser geschmeckt, als es gerochen hat - und das war verdammt gut! Wir sind relativ schnell fertig mit dem Essen, da keiner von uns heute besonders hungrig ist, aber wir lassen uns Zeit und genießen noch ein paar **Gläser** Wein, während wir uns über dieses und jenes Thema unterhalten. Nach dem Essen räumen wir schnell zusammen auf und gehen dann ins Wohnzimmer, wo wir noch eine Weile auf der Couch **kuscheln** und fernsehen.

Es ist so schön, sich nach einem langen **Arbeitstag** einfach nur nahe zu sein. Ich fühle mich zufrieden. Auch wenn wir keinen ereignisreichen Abend hatten, war es schön, einfach etwas Zeit miteinander zu verbringen, ohne das Haus verlassen zu müssen. Wir haben uns einen Film angesehen und sind früh ins Bett gegangen, weil wir mit unserem einfachen Abend **zufrieden waren**.

på utsidan men saftig på insidan, såsen är smakrik och perfekt, pastan är kokt al dente... allt smakar helt perfekt i kväll. Vi vet båda att det här var en av de kvällar där allting bara kom samman perfekt när vi **njuter av** varenda tugga av vår utsökta måltid. Den smakade ännu bättre än den luktade - vilket var jäkligt bra! Vi äter upp vår måltid relativt snabbt eftersom ingen av oss är särskilt hungrig idag, men vi tar oss tid att njuta av ytterligare några **glas** vin medan vi pratar lättsamt om det ena eller andra ämnet. Efter middagen städar vi snabbt tillsammans och flyttar sedan in i vardagsrummet där vi tillbringar lite tid med att **mysa** i soffan medan vi tittar på TV.

Det känns så skönt att bara vara nära varandra efter en lång **arbetsdag**. Jag känner mig nöjd. Även om vi inte hade någon händelserik kväll var det trevligt att bara tillbringa lite tid tillsammans utan att behöva lämna huset. Vi tittade på en film och gick tidigt till sängs och kände oss **nöjda** med vår enkla kväll.

Fragen zum Verständnis

1. Woher kommt der Erzähler?

2. Was macht der Erzähler nach der Arbeit?

3. Was isst der Erzähler zum Abendessen?

4. Warum mag der Erzähler die Küche?

5. Was für ein Gericht kocht das Paar?

6. Wie fühlt sich der Erzähler am Ende des Abends?

7. Was ist die Lieblingsbeschäftigung des Paares?

8. Was tun die beiden, wenn sie müde werden?

9. Wo schlafen sie?

10. Warum bleibt der Erzähler gerne zu Hause?

Frågor om förståelse

1. Varifrån kommer berättaren?

2. Vad gör berättaren efter jobbet?

3. Vad äter berättaren till middag?

4. Varför gillar berättaren köket?

5. Vilken typ av maträtt lagar paret?

6. Hur känner sig berättaren i slutet av kvällen?

7. Vad är parets favoritsak att göra?

8. Vad gör paret när de blir trötta?

9. Var sover de?

10. Varför vill berättaren stanna hemma?

Nach Hause gehen

Es war eine **friedliche** Nacht, als ich von der Arbeit nach Hause ging. Als ich ging, konnte ich nicht anders, als über die Erinnerungen zu lächeln. Es fühlte sich gut an, wieder in meiner alten Nachbarschaft zu sein. Ich winkte ein paar Leuten zu, die ich kannte, und sie winkten zurück. Es war schön, wieder zu Hause zu sein. Ich ging an meiner alten Schule vorbei und **erinnerte mich an** all die guten Zeiten, die ich mit meinen Freunden hatte. Wir gingen immer zusammen nach Hause und sprachen über unseren Tag. **Manchmal hielten** wir an, um ein Eis zu essen oder in den Park zu gehen. Das waren die besten Zeiten. Ich vermisse diese Zeiten. Aber jetzt habe ich meine eigene Familie und bin glücklich mit meinem Leben. Ich bin froh, dass ich auf diese Erinnerungen zurückblicken und lächeln kann. Sie sind ein Teil meines Lebens, den ich immer in Ehren halten werde. Das waren die besten Zeiten. Ich vermisse diese Zeiten. Aber jetzt habe ich meine eigene Familie und bin glücklich mit meinem Leben. Ich bin froh, dass ich auf diese **Erinnerungen** zurückblicken und lächeln kann. Sie sind ein Teil meines Lebens, den ich immer in Ehren halten werde.

Ich gehe weiter und denke an die schöne Zeit, die ich mit meinen Freunden hatte. Ich weiß, dass ich sie bald

Att gå hem

Det var en **lugn** natt när jag gick hem från jobbet. När jag gick kunde jag inte låta bli att le åt minnena. Det kändes bra att vara tillbaka i mitt gamla kvarter. Jag vinkade till några personer som jag kände och de vinkade tillbaka. Det var skönt att vara hemma. Jag gick förbi min gamla skola och **mindes** alla goda stunder som jag hade haft med mina vänner. Vi brukade alltid gå hem tillsammans och prata om vår dag. **Ibland** stannade vi och köpte glass eller gick till parken. Det var de bästa tiderna. Jag saknar dessa tider. Men nu har jag min egen familj och är nöjd med mitt liv. Jag är glad att jag kan se tillbaka på dessa minnen och le. De är en del av mitt liv som jag alltid kommer att uppskatta. Det var den bästa tiden. Jag saknar den tiden. Men nu har jag min egen familj och är lycklig med mitt liv. Jag är glad att jag kan se tillbaka på dessa **minnen** och le. De är en del av mitt liv som jag alltid kommer att uppskatta.

Jag fortsätter att gå och tänker på de fina stunderna med mina vänner. Jag vet att jag snart kommer att träffa dem igen. Jag går mot mitt hem och bestämmer mig för att gå genom en park i närheten. Solen håller på att gå ner och himlen får en **vacker** orange färg. Parken är tom, förutom några fåglar som kvittrar i träden. Jag tar ett djupt **andetag och** ler. När jag går genom parken

wiedersehen werde. Ich mache mich auf den Weg nach Hause und beschließe, durch einen nahe gelegenen Park zu gehen. Die Sonne geht gerade unter und der Himmel färbt sich in ein **schönes** Orange. Der Park ist leer, bis auf ein paar Vögel, die in den Bäumen zwitschern. Ich **atme** tief ein und lächle. Als ich durch den Park gehe, sehe ich eine Sternschnuppe über den Himmel huschen. Ich wünsche mir etwas von dieser Sternschnuppe und laufe weiter. Ich denke an meinen Arbeitstag und daran, wie **friedlich** er war. Ich lächle vor mich hin und denke daran, wie viel Glück ich habe, einen so tollen Job zu haben. Ich gehe nach Hause und **spüre** die kühle Nachtluft auf meiner Haut. Ich fühle mich so lebendig und glücklich, weil ich es einfach genieße, in einer friedlichen Nacht nach Hause zu gehen. Ich fühlte mich so gut, dass ich anfing zu **pfeifen**. Ich ging an ein paar Leuten auf der Straße vorbei, aber sie kümmerten sich alle um ihre eigenen Angelegenheiten.

Ich bog um die Ecke in meine Straße und sah den Kater meines Nachbarn, Mr. Whiskers, auf meiner Veranda sitzen. Ich grüßte ihn, und er miaute zurück. Ich **schloss** meine Tür auf und ging hinein. Ich war so froh, zu Hause zu sein. Ich zog meine Schuhe aus und machte mich bettfertig. Ich ging an diesem Abend mit einem Gefühl von Glück und Dankbarkeit ins Bett, mein Herz war voller Liebe. Ich schlief die ganze Nacht durch und machte mir keine Sorgen.

ser jag ett stjärnskott röra sig över himlen. Jag önskar mig något på den stjärnan och fortsätter att gå. Jag tänker på min dag på jobbet och hur **fridfull** den var. Jag ler för mig själv och tänker på hur lycklig jag är som har ett så bra jobb. Jag går hem och **känner den** svala nattluften på min hud. Jag känner mig så levande och lycklig, när jag bara njuter av den enkla handlingen att gå hem en lugn natt. Jag kände mig så bra att jag började **vissla**. Jag gick förbi några människor på gatan, men alla skötte sig själva.

Jag svängde runt hörnet på min gata och såg grannens katt, Mr Whiskers, sitta på min veranda. Jag sa hej till honom och han mejade tillbaka. Jag **låste upp** min dörr och gick in. Jag var så glad över att vara hemma. Jag tog av mig skorna och gjorde mig redo för sängen. Jag gick till sängs den kvällen och kände mig glad och tacksam, mitt hjärta fullt av kärlek. Jag sov gott hela natten och oroade mig inte för någonting.

Fragen zum Verständnis

1. Was machte der Protagonist, als die Geschichte begann?

2. Woran hat der Protagonist auf dem Heimweg gedacht?

3. Was hat der Protagonist nach der Schule mit seinen Freunden gemacht?

4. Was vermisst der Protagonist aus dieser Zeit?

5. Was denkt der Protagonist über sein derzeitiges Leben?

6. Was tut der Protagonist, wenn er eine Sternschnuppe sieht?

7. Wie fühlt sich der Protagonist, wenn er nach Hause geht?

8. Was macht der Protagonist, wenn er nach Hause kommt?

9. Wie fühlt sich der Protagonist, wenn er am nächsten Morgen aufwacht?

10. Was macht der Protagonist am nächsten Tag?

Frågor om förståelse

1. Vad gjorde huvudpersonen när berättelsen började?

2. Vad tänkte huvudpersonen på när han gick hem?

3. Vad brukade huvudpersonen göra med sina vänner efter skolan?

4. Vad saknar huvudpersonen från den tiden?

5. Vad tycker huvudpersonen om sitt nuvarande liv?

6. Vad gör huvudpersonen när de ser ett stjärnfall?

7. Hur känner sig huvudpersonen när de går hem?

8. Vad gör huvudpersonen när de kommer hem?

9. Hur känner sig huvudpersonen när han vaknar nästa morgon?

10. Vad gör huvudpersonen nästa dag?

Das Schloss

Die Familie wollte schon immer ein altes Schloss in **Deutschland** besichtigen, und schließlich machten sie sich auf den Weg. Sie wurden nicht **enttäuscht**. Das Schloss war wunderschön, und sie genossen es, die vielen Räume und Gänge zu erkunden. Das erste, was ihnen auffiel, war der Geruch. Sie fanden **Schimmel**, Feuchtigkeit und etwas anderes, das sie nicht genau zuordnen konnten. Das zweite war der Klang. Steinmauern sind zwar dick, aber sie dämpfen den Schall nicht vollständig. Sie hörten jeden Schritt, jedes Wort, das mit normaler Stimme gesprochen wurde, und das gelegentliche Tröpfeln von Wasser **irgendwo** in der Ferne. Als sich ihre Augen an das schwache Licht gewöhnt hatten, sahen sie um sich herum massive Steinwände, an denen Wandteppiche in **Fetzen** hingen. Sie befanden sich in einer riesigen Halle mit einer hohen Decke, die von geschnitzten Säulen getragen wurde. Auch die Aussicht von den Türmen gefiel ihnen, und die Kinder hatten viel Spaß beim Herumtollen auf dem Gelände. Als sie mit der Erkundung des Schlosses fertig waren, ging die **Sonne** bereits unter, und sie bedauerten, dass sie keine **Taschenlampe** mitgenommen hatten. Sie beschlossen, sich auf den Rückweg zum Eingang zu machen, aber sie hatten sich bald verlaufen. Sie irrten gefühlte Stunden umher,

Slottet

Familjen hade alltid velat besöka ett gammalt slott i **Tyskland,** och till slut gjorde de resan. De blev inte **besvikna**. Slottet var vackert och de njöt av att utforska dess många rum och korridorer. Det första som slog dem var lukten. De hittade **mögel**, fukt och något annat som de inte riktigt kunde sätta fingret på. Det andra var ljudet. Stenväggar är tjocka, men de dämpar inte ljudet helt och hållet. De hörde varje fotsteg, varje ord som sades med normal röst och ibland droppade vatten **någonstans** i fjärran. När deras ögon anpassade sig till det svaga ljuset såg de massiva stenväggar som tornade upp sig runt omkring dem och från dem hängde gobelänger i **trasiga** fragment. De stod i en enorm sal med högt tak som stöddes av snidade pelare. De älskade också utsikten från tornen, och barnen hade en fantastisk tid att springa runt på området. **Solen** hade börjat gå ner när de var klara med att utforska slottet, och de ångrade att de inte hade tagit med sig en **ficklampa**. De bestämde sig för att ta sig tillbaka till ingången, men fann sig snart vilse. De vandrade runt i vad som kändes som timmar, tills de slutligen kom till en dörr som ledde ut. De fortsatte tills de **nådde** slutet av hallen och kom till en imponerande uppsättning dubbeldörrar. De försökte hur mycket de än gjorde, men dörrarna rörde sig inte. De skramlade **betänkligt**

bis sie schließlich auf eine Tür stießen, die nach draußen führte. Sie gingen weiter, bis sie das Ende des Flurs **erreichten** und vor einer imposanten Doppeltür standen. So sehr sie sich auch bemühten, die Türen rührten sich nicht. Sie klapperten **bedrohlich**, aber sie bewegten sich keinen Zentimeter. Es sah so aus, als ob derjenige, der vorher hier war, hier durchgegangen sein musste und sie von innen verriegelt hatte. Schließlich fanden sie einen Weg nach draußen. Erleichterung überkam sie, als sie in die kühle Nachtluft hinaustraten.

Die Sonne begann unterzugehen, und sie **bedauerten,** dass sie keine Taschenlampe mitgenommen hatten. Sie beschlossen, sich auf den Weg zurück zum Eingang zu machen, aber sie hatten sich bald verlaufen. Sie irrten gefühlte Stunden umher, bis sie schließlich auf eine Tür stießen, die **nach draußen** führte. Erleichterung machte sich in ihnen breit, als sie in die kühle Nachtluft hinaustraten. Am nächsten Abend nahmen sie auf jeden Fall eine Taschenlampe mit, um den Rest des Schlosses zu erkunden. Sie gingen durch den **Innenhof** und hinunter zum Fluss, der hinter den Schlossmauern verlief. Als sie umhergingen, hörten sie seltsame Geräusche. Es klang, als würde sie jemand verfolgen. Sie beschleunigten ihren Schritt, aber die Geräusche wurden lauter und kamen näher. Die Familie rannte so schnell sie konnte zum Schloss zurück und war erleichtert, dass die Gestalt in dem **dunklen** Mantel ihnen nicht gefolgt war.

men rörde sig inte en tum. Det såg ut som om den som varit här tidigare måste ha gått igenom här och låst dem inifrån. Så småningom hittar de en väg ut. Lättnad sköljde över dem när de klev ut i den svala nattluften.

Solen hade börjat gå ner och de **ångrade** att de inte hade tagit med sig en ficklampa. De bestämde sig för att ta sig tillbaka till ingången, men fann sig snart vilse. De vandrade runt i vad som kändes som timmar, tills de slutligen kom till en dörr som ledde **ut**. Lättnad sköljde över dem när de klev ut i den svala nattluften. Nästa kväll såg de till att ta med sig en ficklampa när de utforskade resten av slottet. De gick genom **gården** och ner till floden som rann bakom **slottets** murar. Medan de gick runt började de höra konstiga ljud. Det lät som om någon följde efter dem. De ökade tempot, men ljuden blev högre och närmare. Familjen sprang tillbaka till slottet så fort de kunde, och de var lättade över att se att figuren i den **mörka** kappan inte hade följt efter dem.

Fragen zum Verständnis

1. Was hat die Familie getan, als sie sich im Schloss verlaufen hat?

2. Wie hat sich die Familie gefühlt, als sie erfuhr, dass es sich nur um einen Einheimischen handelte?

3. Was hat der Mann getan, dass man ihn verhaftet hat?

4. Wie lautete das Urteil für den Mann?

5. Welches Geräusch hat die Familie gehört, während sie spazieren ging?

6. Wo war die Gestalt in dem dunklen Mantel, als die Familie sie sah?

7. Was hat die Familie getan, als sie in ihr Zimmer zurückkam?

8. Wann hat die Familie das Schloss wieder erkundet?

9. Was war das, was die Familie nicht ausmachen konnte?

10. Was hat die Familie getan, bevor sie das Schloss wieder erkundet hat?

Frågor om förståelse

1. Vad gjorde familjen när de gick vilse i slottet?

2. Hur kände sig familjen när de fick reda på att det bara var en lokal man?

3. Vad gjorde mannen som gjorde att han blev arresterad?

4. Vilken var domen för mannen?

5. Vilket ljud hörde familjen när de gick?

6. Var befann sig figuren i den mörka kappan när familjen såg honom?

7. Vad gjorde familjen när de kom tillbaka till sitt rum?

8. När gick familjen på upptäcktsfärd i slottet igen?

9. Vad var det som familjen inte kunde sätta fingret på?

10. Vad gjorde familjen innan de gick på upptäcktsfärd i slottet igen?

Mein Garten

Mein Garten ist mein Lieblingsplatz. Ich gehe jeden Tag hinaus, egal ob es regnet oder scheint, und verbringe Zeit damit, meine Pflanzen zu pflegen. Ich habe von **allem ein** bisschen **- Gemüse**, Obst, Blumen, Kräuter. Ich habe sogar ein paar Hühner, die mir helfen, die Schädlinge in Schach zu halten. Ich beginne meine Tage im Garten, indem ich den Hühnern Eier abhole. Dann schaue ich nach meinem Gemüse und stelle sicher, dass es genug Wasser und Sonne bekommt. Ich jäte Unkraut auf den Beeten und entferne Ungeziefer, das die Pflanzen **angreifen** könnte. Wenn **alles erledigt** ist, lehne ich mich zurück und genieße den Frieden und die Ruhe der Natur.

Ich habe schon immer gerne Zeit in meinem Garten verbracht. Es hat etwas, von der Natur und all der **Schönheit**, die sie zu bieten hat, umgeben zu sein. Ich empfinde ihn als einen sehr friedlichen und beruhigenden Ort. Ich verbringe oft Zeit in meinem Garten, um mich zu entspannen und die Landschaft zu genießen. Ich arbeite auch gerne in meinem Garten und baue Dinge an. Ich habe einen ziemlich großen Garten, in dem ich gerne **verschiedene** Dinge anbaue. Ich baue Blumen, **Gemüse** und Kräuter an. Ich habe auch ein paar Obstbäume, die leckere Äpfel, Birnen

Min trädgård

Min trädgård är min lyckliga plats. Jag går ut dit varje dag, regn eller solsken, och ägnar tid åt att sköta mina växter. Jag har lite av **allt - grönsaker**, frukt, blommor och örter. Jag har till och med några höns som hjälper till att hålla skadedjuren borta. Jag börjar mina dagar i trädgården med att hämta ägg från hönorna. Sedan kollar jag mina grönsaker och ser till att de får tillräckligt med vatten och sol. Jag ogräsrensar rabatterna och plockar bort eventuella insekter som **angriper** växterna. När **allt är klart** sitter jag tillbaka och njuter av naturens lugn och ro.

Jag har alltid älskat att tillbringa tid i min trädgård. Det är något med att vara omgiven av naturen och all den **skönhet som** den har att erbjuda. Jag tycker att det är en mycket fridfull och lugnande plats. Jag tillbringar ofta tid i min trädgård med att bara koppla av och njuta av landskapet. Jag tycker också om att arbeta i min trädgård och odla saker. Jag har en ganska stor trädgård och jag tycker om att odla en mängd **olika** saker i den. Jag odlar blommor, **grönsaker** och örter. Jag har också några fruktträd som producerar läckra äpplen, päron och plommon. Förutom att odla saker tycker jag också om att bara gå runt i min trädgård och **beundra** alla olika växter och djur som bor där. Jag har

und Pflaumen hervorbringen. Ich baue nicht nur Dinge an, sondern verbringe auch gerne Zeit damit, durch meinen Garten zu spazieren und all die verschiedenen Pflanzen und Tiere zu **bewundern**, die dort zu Hause sind. Im Laufe der Jahre habe ich viele Stunden damit verbracht, meinen **Garten** zu einem Ort zu machen, der nicht nur schön, sondern auch funktional ist. Ich liebe es, den Vögeln beim Herumfliegen zuzusehen und ihnen beim Singen zuzuhören. Manchmal nehme ich sogar ein Buch mit und lese im Garten, während ich von all der Schönheit umgeben bin, die ich geschaffen habe. **Gartenarbeit** ist meine Leidenschaft und bringt mir so viel Freude. Jeder Tag in meinem Garten ist ein guter Tag.

Eine meiner Lieblingsbeschäftigungen ist das Kochen, daher ist ein gut bestückter Kräutergarten für mich sehr **wichtig**. Thymian, Basilikum, Oregano, Rosmarin, Salbei und Lavendel sind nur einige der Kräuter, die ich gerne in meinem Garten anbaue, damit ich sie beim Kochen für mich oder für **Gäste** verwenden kann. Ein weiterer wichtiger Punkt in meinem Garten ist, dass er viel Farbe hat. Um dieses Ziel zu erreichen, baue ich eine Vielzahl von Blumen an, darunter **Rosen**, Lilien, Gänseblümchen, Tulpen, Impatiens, Ringelblumen, usw. Zusätzlich zu den Blumen, die für Farbe sorgen, verwende ich auch gerne verschiedene **Texturen** im Garten, um ihn interessanter zu gestalten.

tillbringat många timmar under årens lopp med att göra min **trädgård** till en plats som inte bara är vacker utan också funktionell. Jag älskar att titta på fåglarna som fladdrar runt och lyssna på deras sång. Ibland tar jag till och med fram en bok och läser i trädgården medan jag är omgiven av all den skönhet som jag har skapat. **Trädgårdsarbete** är min passion och det ger mig så mycket glädje. Varje dag i min trädgård är en bra dag.

Jag älskar att laga mat och därför är det **viktigt** för mig att ha en välfylld örtträdgård. Timjan, basilika, oregano, rosmarin, salvia och lavendel är bara några av de örter som jag gillar att odla i min trädgård så att jag kan använda dem när jag lagar mat till mig själv eller till **gäster**. En annan sak som är viktig för mig när det gäller min trädgård är att se till att det finns gott om färg i hela trädgården. För att uppnå detta mål odlar jag en mängd olika blommor, bland annat **rosor**, liljor, prästkragar, tulpaner, impatiens, ringblommor osv. Förutom att ge färg med blommor gillar jag också att skapa intresse genom att använda olika **texturer i** hela trädgården.

Fragen zum Verständnis

1. Wo befindet sich der Garten des Autors?

2. Wie viele Hühner hat der Autor?

3. Was macht der Autor jeden Tag im Garten?

4. Warum gefällt dem Autor der Garten?

5. Welche Kräuter pflanzt der Autor in seinem Garten an?

6. Warum ist es für den Autor wichtig, dass es in seinem Garten viele Farben gibt?

7. Wie bringt der Autor Abwechslung in seinen Garten?

8. Wie fühlt sich der Autor, wenn er in seinem Garten arbeitet?

9. Wodurch fühlt sich der Autor verbunden, wenn er in seinem Garten ist?

10. Warum ist jeder Tag im Garten des Autors ein guter Tag?

Frågor om förståelse

1. Var ligger författarens trädgård?

2. Hur många höns har författaren?

3. Vad gör författaren i trädgården varje dag?

4. Varför tycker författaren om trädgården?

5. Vilka örter planterar författaren i trädgården?

6. Varför är det viktigt för författaren att det finns många färger i hans trädgård?

7. Hur skapar författaren variation i sin trädgård?

8. Hur känner sig författaren när han arbetar i sin trädgård?

9. Vad är det som gör att författaren känner sig uppslukad när han är i sin trädgård?

10. Varför är varje dag i författarens trädgård en bra dag?

Einkaufen gehen

Ich gehe gerne im Einkaufszentrum einkaufen. Es macht immer so viel Spaß, herumzulaufen und sich all die verschiedenen Geschäfte anzuschauen. Im Einkaufszentrum ist für jeden etwas dabei, und es ist immer ein guter Ort, um Angebote für Kleidung, Schuhe und Accessoires zu finden. **Normalerweise** beginne ich meinen Einkaufsbummel, indem ich durch den **Haupteingang** des Einkaufszentrums gehe. Von dort aus gehe ich zuerst zu meinen Lieblingsgeschäften. Nachdem ich in diesen Geschäften gestöbert habe, laufe ich herum und schaue, ob es in anderen Geschäften Sonderangebote gibt. Normalerweise verbringe ich ein paar Stunden im Einkaufszentrum, bevor ich meine Einkäufe tätige. Ich nehme mir beim Einkaufen immer gerne Zeit**, weil** ich sichergehen will, dass ich **genau** das bekomme, was ich will. Außerdem macht es auf diese Weise einfach mehr Spaß!

Ich finde es immer **faszinierend**, die Leute zu beobachten, wenn ich im Einkaufszentrum bin. An der Art und Weise, wie sie einkaufen, kann man wirklich viel über eine Person erkennen. Manche Leute gehen sehr methodisch vor und lassen sich Zeit, während andere einfach **alles zu** nehmen scheinen**, was sie kriegen** können, und so schnell wie möglich zur Kasse

Att shoppa

Jag älskar att **shoppa** i köpcentret. Det är alltid så roligt att gå runt och titta på alla olika butiker. Det finns något för alla i köpcentret, och det är alltid ett bra ställe att hitta erbjudanden på kläder, skor och accessoarer. Jag **brukar** börja min shoppingtur med att gå genom köpcentrets **huvudentré.** Därifrån går jag först till mina favoritbutiker. Efter att ha tittat igenom dessa butiker går jag runt och ser om det pågår någon rea på andra ställen. Det slutar oftast med att jag tillbringar ett par timmar i köpcentret innan jag slutligen gör mina inköp. Jag gillar alltid att ta god tid på mig när jag shoppar **eftersom** jag vill vara säker på att jag får **exakt** det jag vill ha. Dessutom är det bara roligare på det sättet!

Jag tycker alltid att det är så **fascinerande** att titta på folk när jag är i köpcentret. Man kan verkligen få reda på mycket om en person genom hur de handlar. Vissa människor är mycket metodiska och tar god tid på sig, medan andra bara verkar ta **allt** de kan och gå till kassan så fort som möjligt. Det finns också de shoppare som verkar mer intresserade av att prata i mobiltelefon eller sms:a än att titta på varorna! Oavsett vilken typ av shoppare du är verkar dock alla tycka om att fönstershoppa - även om du faktiskt inte köper något. Det är bara något med att titta på alla vackra saker i

gehen. Es gibt auch Leute, die mehr daran interessiert sind, mit ihrem Handy zu telefonieren oder SMS zu schreiben, als sich die Waren anzusehen! Aber egal, welche Art von Käufer man ist, jeder scheint einen Schaufensterbummel zu genießen - auch wenn man nichts kauft. Der Anblick all der schönen Dinge in den **Schaufenstern** macht mich einfach glücklich. Manchmal stelle ich mir vor, wie es wäre, wenn ich mir **alles, was** ich sehe, leisten könnte! Alles in allem ist ein Einkaufstag im Einkaufszentrum eine meiner Lieblingsbeschäftigungen. Es ist eine tolle Möglichkeit, sich zu entspannen und zu relaxen und sich dabei auch noch ein bisschen zu bewegen (wenn man genug läuft). Außerdem ist es **immer** schön, sich hin und wieder ein neues Hemd oder ein Paar Schuhe zu gönnen!

Ich hatte einen **langen** Arbeitstag und endlich etwas Zeit für mich, also beschloss ich, im Einkaufszentrum einkaufen zu gehen. Ich brauchte ein paar neue Kleider für die **kommende** Saison. Sobald ich das Einkaufszentrum betrat, sah ich all die hellen Lichter und die glänzenden Schaufensterfronten. Ich ging zuerst in mein Lieblingsgeschäft und stöberte durch die Regale. Ich fand ein paar schöne Oberteile und probierte sie in der Umkleidekabine an. Als ich mich im Spiegel betrachtete, hörte ich, wie jemand in die Umkleidekabine neben mir kam. Ich erkannte die Stimme als eine meiner Kolleginnen. Wir begrüßten uns und begannen über die Arbeit zu plaudern.

skyltfönstren som gör mig glad. Ibland fantiserar jag om hur det skulle vara om jag hade råd med **allt** jag ser! På det hela taget är en dag i köpcentret en av mina favoritsysselsättningar. Det är ett utmärkt sätt att koppla av och varva ner samtidigt som man får lite motion (om man går runt tillräckligt mycket). Dessutom är det **alltid** trevligt att unna sig en ny skjorta eller ett par skor då och då!

Jag hade haft en **lång** dag på jobbet och hade äntligen lite tid för mig själv, så jag bestämde mig för att shoppa i köpcentret. Jag behövde några nya kläder för den **kommande** säsongen. Så fort jag gick in såg jag alla ljusa lampor och glänsande skyltfönster. Jag gick först till min favoritbutik och började bläddra bland hyllorna. Jag hittade några söta toppar och provade dem i omklädningsrummet. När jag tittade på mig själv i spegeln hörde jag någon komma in i omklädningsrummet bredvid mitt. Jag kände igen rösten som en av mina medarbetare. Vi hälsade på varandra och började prata om jobbet.

Fragen zum Verständnis

1. Wo lagern Sie am liebsten?

2. Welches ist Ihr Lieblingsgeschäft im Einkaufszentrum?

3. Wie lange bleiben Sie normalerweise im Einkaufszentrum?

4. Was denken Sie über Menschen, die viel Zeit im Einkaufszentrum verbringen?

5. Was machst du am liebsten in einem Einkaufszentrum?

6. Haben Sie schon einmal etwas im Einkaufszentrum gekauft, obwohl Sie es nicht wirklich brauchten?

7. Wie reagieren Sie, wenn Sie im Einkaufszentrum etwas sehen, das Ihnen wirklich gefallen würde, aber zu teuer ist?

8. Haben Sie schon einmal etwas im Einkaufszentrum gesehen und sich gefragt, wer es wohl kaufen würde?

9. Was halten Sie von Leuten, die im Einkaufszentrum mit ihren Handys beschäftigt sind, anstatt sich die Geschäfte anzusehen?

Frågor om förståelse

1. Var vill du lagra mest?

2. Vilken är din favoritbutik i köpcentret?

3. Hur länge brukar du stanna i köpcentret?

4. Vad tycker du om människor som tillbringar mycket tid i köpcentret?

5. Vad är din favoritsak att göra på köpcentret?

6. Har du någonsin köpt något på köpcentret när du egentligen inte behövde det?

7. Hur reagerar du när du ser något i köpcentret som du verkligen skulle vilja ha, men som är för dyrt?

8. Har du någonsin sett något i köpcentret och undrat vem som skulle köpa det?

9. Vad tycker du om människor som är upptagna med sina mobiltelefoner i köpcentret i stället för att titta på butikerna?

Auf dem Markt

Am Samstagmorgen wache ich früh auf und will unbedingt auf den **Markt**, bevor es zu voll wird. Ich ziehe mir etwas an und gehe zur Tür hinaus, wobei ich unterwegs meine wiederverwendbaren Taschen mitnehme. Auf dem Weg dorthin überlege ich, was ich in der kommenden Woche zubereiten möchte. Ich weiß, dass ich mindestens einmal Gemüse **braten** will, also muss ich gutes Gemüse kaufen. Außerdem möchte ich eine Suppe oder einen Eintopf kochen, also muss ich auch etwas Fleisch kaufen. Ich muss sehen, was gut aussieht, wenn ich dort bin. Der Markt ist nur ein paar Häuserblocks entfernt, und ich sehe schon die aufgebauten Stände und die **Menschen, die** sich dort tummeln.

Ich komme auf dem Markt an und steuere direkt auf den Gemüsestand zu. Die Auswahl ist großartig, und ich fülle meine Taschen mit einer Vielzahl von **frischen** Produkten. Ich unterhalte mich ein wenig mit dem Bauern, und er empfiehlt mir einige Rezepte. Ich bin gespannt darauf, sie auszuprobieren. Beim Einkaufen plaudere ich mit den **Landwirten** und lerne sie und ihre Produkte kennen. Nachdem ich alles Gemüse eingekauft habe, was ich brauche, gehe ich zur Fleischabteilung. Hier bin ich etwas zögerlicher,

På marknaden

Jag vaknar tidigt på lördagsmorgonen och är ivrig att ta mig till **marknaden** innan det blir för mycket folk. Jag tar på mig några kläder och går ut genom dörren och tar mina återanvändbara väskor på vägen. Medan jag går börjar jag planera vad jag vill göra för veckan som kommer. Jag vet att jag vill **steka** grönsaker minst en gång, så jag måste köpa grönsaker av god kvalitet. Jag vill också göra en soppa eller gryta, så jag måste köpa lite kött också. Jag får se vad som ser bra ut när jag kommer dit. Marknaden ligger bara några kvarter bort, och jag kan redan se hur stånden står uppställda och hur **folk** rör sig där.

Jag kommer till marknaden och går direkt till grönsaksståndet. Utbudet är vackert, och jag fyller mina påsar med en mängd olika **färska** produkter. Jag pratar med bonden en stund och han rekommenderar mig några recept. Jag är förväntansfull och vill prova dem. Jag pratar med **jordbrukarna** medan jag handlar och lär känna dem och deras produkter. När jag har alla grönsaker jag behöver går jag vidare till köttavdelningen. Jag är lite mer tveksam här, eftersom jag inte är säker på vad jag vill köpa. Till slut bestämmer jag mig för kyckling eftersom det är mångsidigt och kan användas i en mängd olika rätter. Jag köper också

da ich mir nicht sicher bin, was ich kaufen möchte. Schließlich entscheide ich mich für Hühnerfleisch, weil es vielseitig ist und für eine Vielzahl von Gerichten verwendet werden kann. Ich kaufe auch verschiedene Fleischsorten, wobei ich darauf achte, dass ich Rindfleisch aus Weidehaltung und **Huhn** aus Freilandhaltung kaufe. Der Metzger war ein freundlicher Mann, der trotz seiner langen Arbeitszeiten immer gut gelaunt war. Er wickelte meine Hühnerbrust und mein Steak ein und plauderte mit mir über seine Pläne für das Wochenende. Ich verabschiedete mich von ihm und setzte meinen Weg fort. Ich kaufte auch noch ein paar Eier und Käse aus der Molkereiabteilung.

Auf dem Markt herrschte reges Treiben, und alle wollten die frischen Produkte und das Fleisch, die angeboten wurden, kaufen. Die Luft war dick mit dem Geruch von Knoblauch und Zwiebeln, und das Lachen und die Gespräche erfüllten die Luft. Ich bahnte mir einen Weg durch die Menge und suchte mir die anderen Artikel für meinen Wocheneinkauf aus. Ich füllte meinen **Korb** mit Obst und Gemüse, Nudeln und Brot, bevor ich mich auf den Weg zur Kasse machte. Die Schlange war lang, aber sie bewegte sich schnell. Schließlich waren die letzten **Lebensmittel** eingekauft, und es war Zeit, nach Hause zu fahren. Das Auto wurde beladen, und die Fahrt nach Hause war lang und mühsam. Der Verkehr war dicht, und die Hitze war drückend.

några olika köttstycken och ser till att få gräsbetat nötkött och frigående **kyckling**. Slaktaren var en vänlig man som alltid var glad trots de långa arbetsdagarna. Han lindade in mina kycklingbröst och min biff innan han pratade med mig om sina helgplaner. Jag tog farväl av honom och fortsatte min väg. Jag tog också några ägg och ost från mejeriavdelningen.

Marknaden var full av människor som alla var ivriga att få **tag på de** färska råvaror och det kött som erbjöds. Luften var tjock av lukten av vitlök och lök och ljudet av skratt och samtal fyllde luften. Jag tog mig fram genom folkmassan och plockade ut de andra varor som jag behövde till min veckoaffär. Jag fyllde min **korg** med frukt och grönsaker, pasta och bröd innan jag gick till kassan. Kön var lång, men den gick snabbt. Till slut var de sista **matvarorna** inköpta och det var dags att åka hem. Bilen lastades och körningen hem var lång och tråkig. Trafiken var tung och värmen var tryckande.

Fragen zum Verständnis

1. Wohin geht die Person?

2. Was möchte die Person kaufen?

3. Wie viele Taschen hat die Person?

4. Wie weit ist der Markt entfernt?

5. Was macht die Person im Moment?

6. Was ist alles auf dem Markt?

7. Wie viele Personen befinden sich auf dem Markt?

8. Wie lange hat die Person gebraucht, um alles zu kaufen?

9. Wie ist die Person nach Hause gegangen?

10. Was hat die Person getan, als sie nach Hause kam?

Frågor om förståelse

1. Vart är personen på väg?

2. Vad vill personen köpa?

3. Hur många väskor har personen?

4. Hur långt bort ligger marknaden?

5. Vad gör personen just nu?

6. Vad är allt på marknaden?

7. Hur många personer finns på marknaden?

8. Hur lång tid tog det för personen att köpa allt?

9. Hur åkte personen hem?

10. Vad gjorde personen när han eller hon kom hem?

In einem Cafe

Es war ein kühler Herbstmorgen, und ich hatte mich mit meiner Freundin Lily in unserem Lieblingscafé auf einen Kaffee verabredet. Ich wickelte mich warm in meinen Mantel und meinen Schal ein und machte mich auf den Weg. Die Blätter fielen von den Bäumen, und die Luft war etwas frisch, aber die Sonne schien, und es versprach, ein schöner Tag zu werden. Während ich ging, **dachte ich** darüber nach, wie gut es war, eine Freundin wie Lily zu haben. Wir waren seit Jahren befreundet, seit wir uns an der **Universität** kennen gelernt hatten. Uns verband die Liebe zum Kaffee und zum Plaudern in Cafés. Obwohl wir inzwischen in verschiedenen Stadtteilen wohnten, trafen wir uns immer noch einmal in der Woche auf einen Kaffee. Als ich im Café ankam, war Lily schon da und wartete auf mich. Wir umarmten uns zur Begrüßung und bestellten unsere Kaffees. Wir suchten uns einen Tisch am Fenster und setzten uns, um zu plaudern. Der **Kaffee** war wie immer köstlich, und es war so schön, sich mit Lily zu unterhalten. Wir sprachen über unsere Woche, unsere Jobs und unsere Pläne für die Zukunft. Es war immer so einfach, mit Lily zu reden, und ich hatte das Gefühl, dass ich ihr alles sagen konnte. Nach einer Weile wurden wir hungrig und **beschlossen,** etwas zu essen zu bestellen.

På ett café

Det var en kylig höstmorgon och jag hade bestämt mig för att träffa min vän Lily på vårt favoritkafé för att ta en kaffe. Jag svepte in mig varmt i min kappa och halsduk och gick iväg. Löven höll på att falla från träden och luften hade en liten gnutta, men solen sken och det lovade att bli en vacker dag. Medan jag gick **tänkte** jag på hur bra det var att ha en vän som Lily. Vi hade varit vänner i flera år, ända sedan vi träffades på **universitetet**. Vi hade knutit band till varandra genom vår kärlek till kaffe och genom att tillbringa tid med att prata på kaféer. Även om vi nu bodde i olika delar av staden lyckades vi fortfarande träffas på kaffe en gång i veckan. Jag kom till caféet och Lily var redan där och väntade på mig. Vi kramade varandra hej och beställde sedan våra kaffesorter. Vi hittade ett bord vid fönstret och slog oss ner för att prata. **Kaffet** var utsökt, som alltid, och det var så trevligt att prata med Lily. Vi pratade om vår vecka, våra jobb och våra planer för framtiden. Det var alltid så lätt att prata med Lily och det kändes som om jag kunde berätta allt för henne. Efter ett tag började vi bli hungriga och **bestämde oss för att** beställa lite mat.

Vi **beställde** vår mat och hittade en plats vid fönstret. Solen sken in genom fönstret och fick allt att kännas

Wir **bestellten** unser Essen und suchten uns einen Platz am Fenster. Die Sonne schien durch das Fenster herein und verlieh allem eine warme und fröhliche Atmosphäre. Wir unterhielten uns, während wir aßen, und genossen das einfache Vergnügen, in der **Gesellschaft** des anderen zu sein. Das Café war gut besucht, aber es fühlte sich nicht überfüllt an. Es lag ein Gefühl von Frieden und Zufriedenheit in der Luft. Als wir mit dem Essen fertig waren, saßen wir noch eine Weile und genossen die friedliche **Atmosphäre**. Wir unterhielten uns noch eine Weile über verschiedene Dinge, die in unserem Leben passiert waren. Es war so schön, sich mit meiner Freundin auszutauschen und einfach **zu entspannen**. Die Sonne schien durch das Fenster, und wir hatten das Gefühl, dass **nichts** unseren perfekten Tag stören konnte.

Plötzlich hörte ich ein lautes Krachen. Ich drehte mich um und sah, dass ein Mann durch die Decke gefallen war und vor uns auf dem Boden lag. Er war mit Staub und Trümmern **bedeckt** und schien bewusstlos zu sein. Mein Freund und ich standen beide unter Schock und starrten auf den Mann, der auf dem Boden lag. Wir wussten nicht, was wir tun oder wen wir um Hilfe bitten sollten. Wir saßen einfach da und starrten ihn an, ohne zu wissen, was wir tun sollten. Nach ein paar Minuten riss ich mich zusammen und rief 911 an. Die Telefonistin sagte mir, dass bald jemand da sein würde.

varmt och glatt. Vi pratade medan vi åt vår mat och njöt av det enkla nöjet att vara i varandras **sällskap**. Caféet var upptaget, men det kändes inte trångt. Det fanns en känsla av frid och tillfredsställelse i luften. När vi hade ätit upp vår mat satt vi en stund till och njöt av den fridfulla **atmosfären**. Vi pratade en stund om olika saker som hade hänt i våra liv. Det var så skönt att få prata med min vän och bara **slappna av**. Solen sken genom fönstret och det kändes som om **ingenting** kunde förstöra vår perfekta dag.

Plötsligt hörde jag en hög ljudlig krasch. Jag vände mig om och såg att en man hade fallit genom taket och låg på golvet framför oss. Han var **täckt av** damm och skräp och verkade vara medvetslös. Min vän och jag var båda i chock när vi stirrade på mannen som låg på golvet. Vi visste inte vad vi skulle göra eller vem vi skulle ringa efter hjälp. Vi satt bara där och stirrade på honom utan att veta vad vi skulle göra. Efter några minuter kom jag till mig själv och ringde 112. Operatören sa till mig att någon skulle vara där snart.

Fragen zum Verständnis

1. Woher kommt der Mann, der durch das Dach fällt?

2. Warum ist die Frau mit ihrer Freundin im Café?

3. Welches ist das Lieblingscafé der beiden Freunde?

4. Wie lange kennen sich die beiden Freunde schon?

5. Was ist das Lieblingsgetränk der beiden Freunde?

6. In welcher Stadt leben die beiden Freunde?

7. Wie oft treffen sich die beiden Freunde?

8. Worüber sprechen die beiden Freunde, als sie sich zum ersten Mal in ihrem Lieblingscafé treffen?

9. Was ist das Lieblingsessen der beiden Freunde?

10. Warum ist es so einfach, mit Lily zu sprechen?

Frågor om förståelse

1. Varifrån kommer mannen som faller genom taket?

2. Varför är kvinnan med sin väninna på kaféet?

3. Vilket är de två vännernas favoritkafé?

4. Hur länge har de två vännerna känt varandra?

5. Vad är de två vännernas favoritdryck?

6. I vilken stad bor de två vännerna?

7. Hur ofta träffas de två vännerna?

8. Vad pratar de två vännerna om när de först träffas på sitt favoritkafé?

9. Vad är de två vännernas favoritmat?

10. Varför är det så lätt att prata med Lily?

Schwimmen gehen

Der Pool war immer ein **erfrischender** Ort, und heute war es nicht anders. Die Sonne schien und das Wasser sah einladend aus. Ich holte tief Luft, tauchte ein und spürte die kühle Umarmung des Wassers. Ich schwamm eine Weile meine Runden, genoss die Bewegung und die Möglichkeit, den Kopf frei zu bekommen. Nach einer Weile stieg ich aus dem Wasser und trocknete mich ab, dann setzte ich mich auf ein Handtuch, um mich in der Sonne zu entspannen. Ich schloss die Augen und ließ die **Wärme** über mich ergehen, während sich meine Muskeln zu entspannen begannen. Plötzlich hörte ich ein Plätschern und öffnete die Augen, um meine kleine Schwester zu sehen, **die** im flachen Wasser herumplanschte. Ich lächelte und sah ihr eine Weile zu, dann stand ich auf und ging zu ihr hinüber. Wir unterhielten uns eine Weile, paddelten zusammen und genossen die Gesellschaft des anderen. Bald gesellten sich unsere Eltern zu uns, und wir verbrachten den Rest des Nachmittags mit Schwimmen und gemeinsamen Spielen. Es war immer schön, Zeit mit der Familie im Schwimmbad zu verbringen. **Der** Aufenthalt im Wasser scheint die Menschen zusammenzubringen. Vielleicht liegt es daran, dass wir alle gleich sind, wenn wir im Wasser sind - wir können unsere Schwächen nicht verstecken

Att simma

Poolen var alltid en **uppfriskande** plats att vara på, och idag var det inte annorlunda. Solen sken och vattnet såg inbjudande ut. Jag tog ett djupt andetag och dök ner och kände vattnets svala omfamning. Jag simmade varv ett tag och njöt av motionen och chansen att rensa huvudet. Efter en stund gick jag ut och torkade mig, och satte mig sedan på en handduk för att slappna av i solen. Jag slöt ögonen och lät **värmen** skölja över mig och kände hur mina muskler började slappna av. Plötsligt hörde jag ett plask och öppnade ögonen för att se min lillasyster **paddla** runt i den grunda delen. Jag log och tittade på henne en stund, sedan reste jag mig upp och gick över till henne. Vi pratade lite och paddlade runt tillsammans och njöt av varandras sällskap. Snart anslöt sig våra föräldrar till oss och vi tillbringade resten av eftermiddagen med att simma och spela spel tillsammans. Det var alltid så trevligt att tillbringa tid med familjen vid poolen. Det är **något** med att vara i vattnet som bara verkar föra människor samman. Kanske beror det på att vi alla är lika när vi är i vattnet - vi kan inte dölja våra brister eller låtsas vara något vi inte är. Eller kanske är det bara för att det är roligt! **Oavsett vad** anledningen är så var jag bara glad att vi alla kunde samlas och njuta av varandras sällskap på en så speciell plats.

oder vorgeben, etwas zu sein, was wir nicht sind. Oder vielleicht liegt es einfach daran, dass es Spaß macht! **Was auch immer** der Grund ist, ich war einfach froh, dass wir alle zusammenkommen und die Gesellschaft des anderen an einem so besonderen Ort genießen konnten.

Die Sonne brannte auf meine Haut und der Geruch von Chlor lag in der Luft. Ich hörte das Lachen der Kinder, die im Pool planschten. Ich lag auf einem Liegestuhl neben dem Pool, genoss die Sonne und **den** Tag. Ich hatte meine Augen geschlossen und wollte gerade einschlafen, als ich hörte, wie jemand auf mich zukam. Ich öffnete meine Augen und sah eine Frau neben mir stehen. Sie trug einen Bikini und hatte sich ein Handtuch um die Taille geschlungen. Sie hatte langes blondes Haar und blaue Augen. In der Hand hielt sie ein Fläschchen mit **Sonnenschutzmittel**. "Stört es Sie, wenn ich Ihnen den Rücken eincreme?", fragte sie. "Nein, das ist in Ordnung", sagte ich und setzte mich auf, damit sie meinen Rücken erreichen konnte. Ich spürte ihre Hände auf meiner Haut, als sie die Sonnencreme auftrug.

Solen slog ner på min hud och lukten av klorin låg i luften. Jag kunde höra ljudet av barn som skrattade och plaskade runt i poolen. Jag låg på en solstol vid poolen och njöt av solen och **njöt av** dagen. Jag hade ögonen stängda och skulle precis somna när jag hörde någon komma fram till mig. Jag öppnade ögonen och såg en kvinna stå bredvid mig. Hon hade en bikini på sig och en handduk lindad runt midjan. Hon hade långt blont hår och blå ögon. Hon höll en flaska **solkräm i** handen. "Har du något emot att jag smörjer in din rygg med solkräm?" frågade hon. "Nej, det är okej", sa jag och satte mig upp så att hon kunde nå min rygg. Jag kände hennes händer på min hud när hon applicerade solkrämen.

Fragen zum Verständnis

1. Wo war der Erzähler, als er die Geschichte begann?

2. Was riecht der Erzähler, wenn er seine Augen öffnet?

3. Was hört der Erzähler, als er seine Augen öffnet?

4. Wem gehört die Sonnencreme, die die Frau dem Erzähler gibt?

5. Wovon träumt der Erzähler?

6. Warum ist das Schwimmen im Meer für den Erzähler so besonders?

7. wie fühlt sich das Wasser an, in dem der Erzähler schwimmt?

8. Was sieht der Erzähler, als er aus dem Wasser kommt?

9. Was tut die Frau, nachdem sie den Erzähler mit Sonnencreme eingecremt hat?

10. Worüber sprechen der Erzähler und die Frau am Ende der Geschichte?

Frågor om förståelse

1. Var befann sig berättaren när han började berättelsen?

2. Vad luktar berättaren när han öppnar ögonen?

3. Vad hör berättaren när han öppnar ögonen?

4. Vems solkräm ger kvinnan berättaren?

5. Vad drömmer berättaren om?

6. Varför är det så speciellt för berättaren att simma i havet?

7.Hur känns vattnet som berättaren simmar i?

8. Vad ser berättaren när han kommer upp ur vattnet?

9. Vad gör kvinnan efter att hon har smörjt in berättaren med solkräm?

10. Vad pratar berättaren och kvinnan om i slutet av berättelsen?

Mähen des Rasens

Es ist 10 Uhr morgens an einem **Sommersamstag**, und die Sonne brennt bereits erbarmungslos auf die Erde. Sie stapfen in die Garage, um den Rasenmäher zu holen, und haben das Gefühl, dass Sie zu harter Arbeit **verurteilt werden**. Du fängst an, den Rasen zu mähen, wobei du darauf achtest, dass du schön langsam vorgehst, damit du keine Stelle übersiehst. Während du mähst, denkst du daran, wie gut es sich anfühlt, draußen an der frischen Luft zu sein. Als du den Rasenmäher hin und her schiebst, siehst du aus dem **Augenwinkel** deinen Nachbarn. Sie winken und grüßen, und er winkt zurück.

Nach ein paar Minuten sind Sie fertig und gehen zum Haus Ihres Nachbarn, um mit ihm im Vorgarten ein Bier zu trinken. Es ist ein **perfekter** Tag - nicht zu heiß, und es weht eine leichte Brise. Sie sitzen im Schatten des Baumes, nippen an Ihrem Bier und unterhalten sich mit Ihrem Nachbarn. Es sind Tage wie dieser, an denen man den Sommer zu schätzen weiß. Dann **gehen Sie** ins Haus, um ein wohlverdientes Bier zu trinken. Sie lassen sich in einen Stuhl auf der Veranda fallen, öffnen die Dose und lassen einen zufriedenen Seufzer los. Das Geräusch des Rasenmähers tritt

Klippning av gräsmattan

Klockan är 10 på förmiddagen en **sommarlördag och** solen slår redan obarmhärtigt ner. Du går ut i garaget för att hämta gräsklipparen och känner att du är **dömd** till hårt arbete. Du börjar klippa gräsmattan och ser till att gå lugnt och sakta så att du inte missar några ställen. Medan du klipper tänker du på hur bra det känns att vara ute i den friska luften. När du börjar skjuta gräsklipparen fram och tillbaka över gräsmattan ser du din granne ur **ögonvrån**. Du vinkar och säger hej, och han vinkar tillbaka.

Efter några minuter är du klar och går till din granne för att ta en öl med honom i trädgården. Det är en **perfekt** dag - inte för varmt, med en lätt bris som blåser. Du sitter där i skuggan av trädet, dricker din öl och pratar med din granne. Det är sådana här dagar som gör att man uppskattar sommaren. Sedan **går** du in och tar en välförtjänt öl. Du slår dig ner i en stol på verandan, öppnar burken och suckar nöjt. Ljudet från gräsklipparen försvinner i bakgrunden medan du slappnar av i skuggan och njuter av stundens **lugn.** Ölet smakar extra gott efter allt hårt arbete i värmen. Jag skulle just gå in när jag hörde ett ljud i grannhuset.

Det **lät** som om någon grät. Jag slutade klippa och gick

in den Hintergrund, während du dich im Schatten entspannst und die **Ruhe** des Augenblicks genießt. Das Bier schmeckt besonders gut nach all der harten Arbeit in der Hitze. Ich wollte gerade ins Haus gehen, als ich nebenan ein Geräusch hörte.

Es **hörte sich an**, als ob jemand weinen würde. Ich hörte auf zu mähen und ging zu dem Zaun, der unsere Gärten trennte. Ich spähte hinüber und sah meine Nachbarin, Mrs. Johnson, weinend auf ihrer Verandaschaukel. Ich rief nach ihr, aber sie hörte mich nicht. Ich kletterte über den Zaun und ging zu ihr hinüber. “Mrs. Johnson, geht es Ihnen gut?” fragte ich. Sie schaute mich mit Tränen in den Augen an und schüttelte den Kopf. “Nein, mir geht es nicht gut”, sagte sie. “Meine Katze ist gestern gestorben.” Ich war schockiert. Ich wußte nicht, was ich sagen sollte. Ich stand nur unbeholfen da und wusste nicht, was ich tun sollte. Schließlich legte ich ihr die Hand auf die **Schulter** und sagte: “Es tut mir so leid, Mrs. Johnson. Wenn ich Ihnen irgendwie helfen kann, lassen Sie es mich bitte wissen. “Sie schüttelte den Kopf und sagte: “Nein, es gibt **nichts**, was man tun könnte.” Dann stand sie auf und ging in ihr Haus. Ich stand einen Moment lang da und wusste nicht, was ich tun sollte. Dann machte ich mich wieder ans Rasenmähen. Als ich fertig war, musste ich unweigerlich an Frau Johnson und ihre Katze denken.

över till staketet som skiljde våra trädgårdar åt. Jag tittade över och såg min granne, Mrs Johnson, gråta på sin verandagunga. Jag ropade på henne, men hon hörde mig inte. Jag klättrade över staketet och gick över till henne. “Mrs Johnson, mår ni bra?” Jag frågade. Hon tittade upp på mig med tårar i ögonen och skakade på huvudet. “Nej, jag mår inte bra”, sade hon. “Min katt dog i går.” Jag blev chockad. Jag visste inte vad jag skulle säga. Jag stod bara där obekvämt och visste inte vad jag skulle göra. Till slut lade jag min hand på hennes **axel** och sa: “Jag är så ledsen, mrs Johnson. Om det finns något jag kan göra för att hjälpa till, så säg till. “ Hon skakade på huvudet och sa: “Nej, det finns **ingenting som** någon kan göra”. Sedan reste hon sig upp och gick in i sitt hus. Jag stod där en stund och visste inte vad jag skulle göra. Sedan gick jag tillbaka till att klippa min gräsmatta. När jag blev klar kunde jag inte låta bli att tänka på Mrs Johnson och hennes katt.

Fragen zum Verständnis

1. Wie spät ist es?

2. Wo mäht die Person?

3. Wie fühlt sich die Person?

4. Warum muss die Person langsam mähen?

5. Was für ein Wetter ist es?

6. Was macht die Person nach dem Mähen?

7. Was hört die Person, bevor sie nach Hause geht?

8. Wer ist bei Mrs. Johnson?

9. Warum weint Mrs. Johnson?

10. Was sagt die Person zu Frau Johnson?

Frågor om förståelse

1. Vad är klockan?

2. Var är personen som klipper?

3. Hur känner sig personen?

4. Varför måste personen klippa långsamt?

5. Vad är det för väder?

6. Vad gör personen efter klippningen?

7. Vad hör personen innan han går hem?

8. Vem är med fru Johnson?

9. Varför gråter fru Johnson?

10. Vad säger personen till fru Johnson?

Zum Haareschneiden

Ich wollte mir schon seit Wochen die Haare schneiden lassen, aber irgendwie habe ich es immer wieder aufgeschoben. Aber da **Weihnachten vor der** Tür stand, wusste ich, dass ich es nicht länger aufschieben konnte. Ich wollte beim Weihnachtsessen meiner Familie nicht wie ein schmuddeliges Häufchen Elend dastehen. Also machte ich mich am frühen Weihnachtsmorgen auf den Weg zum Friseur. Obwohl es noch früh war, war der Salon schon voll mit anderen Leuten, **die sich** für die Feiertage die Haare machen ließen. Ich nahm meinen Platz in der Schlange ein und wartete, bis ich an der Reihe war. Endlich war ich mit dem Stuhl dran. Die Friseurin, eine freundliche Frau namens Jill, fragte mich, was ich wollte. "Nur einen Trimmschnitt, nichts allzu Drastisches", antwortete ich. Jill machte sich an die Arbeit und schnippelte an meinem Haar herum. Während sie arbeitete, begann ich mich zu entspannen. Es war ein gutes Gefühl, mich endlich um mich selbst zu kümmern. In letzter Zeit war ich so sehr damit beschäftigt gewesen, mich um alle anderen zu kümmern, dass ich meine eigenen Bedürfnisse vernachlässigt hatte. Aber das war **vorbei**. Von nun an wollte ich mir Zeit für mich nehmen.

Att klippa sig

Jag hade tänkt klippa mig i flera veckor, men på något sätt lyckades jag alltid skjuta upp det. Men med **julen** runt hörnet visste jag att jag inte kunde skjuta upp det längre. Jag ville inte dyka upp till familjens julmiddag och se ut som en slarvig röra. Så tidigt på juldagsmorgonen begav jag mig till salongen. Trots att det var tidigt var salongen redan upptagen med andra människor som **skulle** fixa håret inför julen. Jag tog plats i kön och väntade på min tur. Slutligen var det min tur i stolen. Stylisten, en vänlig kvinna vid namn Jill, frågade mig vad jag ville ha. "Bara en trimning, inget alltför drastiskt", svarade jag. Jill började arbeta och klippte bort mitt hår. Medan hon arbetade började jag slappna av. Det kändes bra att äntligen ta hand om mig själv. Jag hade varit så upptagen den senaste tiden, jag hade sprungit runt och tagit hand om alla andra, att jag hade låtit mina egna behov falla bort. Men inte **längre**. Från och med nu skulle jag ta mig tid för mig själv.

När Jill var klar tittade jag mig i spegeln och var nöjd med vad jag såg. Mitt hår såg snyggt och polerat ut - perfekt för semestermöten. Jag **tackade** Jill och gjorde en **mental** anteckning om att komma tillbaka oftare.

Als Jill fertig war, schaute ich in den Spiegel und war mit dem, was ich sah, zufrieden. Mein Haar sah ordentlich und glänzend aus - perfekt für Festtagsfeiern. Ich **bedankte mich bei** Jill und nahm **mir vor, öfter wiederzukommen**. Von nun an werde ich mich in erster Linie um mich selbst kümmern. Sie machte sich an die Arbeit und schnippelte an meinem Haar herum. Ich dachte darüber nach, wie dankbar ich war, dass ich endlich dazu gekommen war, mir die Haare schneiden zu lassen. Es war ein gutes Gefühl zu wissen, dass ich zum **Weihnachtsessen** vorzeigbar aussehen würde. Ich würde mir keine Sorgen mehr machen müssen, dass meine Familie mich wegen meines "ungepflegten" Aussehens hänseln würde. Nach ein paar Minuten war der Friseur mit dem Schneiden meiner Haare fertig und föhnte sie kurz. Ich schaute in den Spiegel und war zufrieden mit dem, was ich sah - ein gepflegtes Aussehen, das perfekt für das Weihnachtsessen sein würde. Jetzt, da der Haarschnitt erledigt war, konnte ich mich darauf konzentrieren, die Feiertage mit meiner Familie zu genießen. Und dafür war ich umso dankbarer.

Från och med nu kommer jag att ta hand om mig själv först och främst. Hon började arbeta med att klippa mitt hår. Jag tänkte på hur tacksam jag var för att jag äntligen hade hunnit klippa mig. Det kändes bra att veta att jag skulle se presentabel ut till **julmiddagen**. Jag skulle inte längre behöva oroa mig för att min familj skulle retas med mig om mitt “slarviga” utseende. Efter några minuter var stylisten klar med att klippa mitt hår och gav mig en snabb föning. Jag tittade i spegeln och var nöjd med vad jag såg - en ren frisyr som skulle passa perfekt till julmiddagen. Nu när min klippning var avklarad kunde jag fokusera på att njuta av julen med min familj. Och det var jag ännu mer tacksam för.

Fragen zum Verständnis

1. Was musste der Protagonist vor Weihnachten tun?

2. Wie hat sich die Protagonistin gefühlt, als sie für sich selbst sorgte?

3. Wer hat dem Protagonisten die Haare gestutzt?

4. Warum wollte die Familie der Protagonistin sie hänseln?

5. Wie hat sich die Protagonistin gefühlt, nachdem sie sich die Haare schneiden ließ?

6. Was hat die Protagonistin getan, nachdem sie sich die Haare schneiden ließ?

7. Wie hat die Familie der Protagonistin auf ihren Haarschnitt reagiert?

8. Was hat der Protagonist an Heiligabend gemacht?

9. Was hat die Erfahrung des Protagonisten zu etwas Besonderem gemacht?

10. Was würde passieren, wenn der Protagonist sich nicht die Haare schneiden ließe?

Frågor om förståelse

1. Vad måste huvudpersonen göra före jul?

2. Hur kände huvudpersonen för att ta hand om sig själv?

3. Vem klippte huvudpersonens hår?

4. Varför skulle huvudpersonens familj retas med henne?

5. Hur kände sig huvudpersonen efter att ha klippt sig?

6. Vad gjorde huvudpersonen efter att ha klippt sig?

7. Hur reagerade huvudpersonens familj på hennes frisyr?

8. Vad gjorde huvudpersonen på julafton?

9. Vad gjorde huvudpersonens upplevelse mer speciell?

10. Vad skulle hända om huvudpersonen inte klippte sig?

Der Park

Die Sonne ging gerade unter, und der Park war leer. Ich saß auf der Bank und wartete auf meine **Freundin**. Wir hatten uns vor einer Stunde hier verabredet, aber sie kam immer zu spät. Gerade als ich aufgeben und nach Hause gehen wollte, sah ich sie auf mich zulaufen. "Es tut mir so leid", keuchte sie, als sie die Bank erreichte. "Mein Zug **hatte Verspätung**." "Ist schon gut", sagte ich **verzeihend**. "Ich bin auch gerade erst gekommen." Wir setzten uns hin und unterhielten uns eine Weile, wobei wir uns über das Leben des jeweils anderen unterhielten, seit wir uns das letzte Mal gesehen hatten. Die Unterhaltung verlief **mühelos**, und es kam uns vor, als sei seit unserer letzten Begegnung überhaupt keine Zeit vergangen. Als die Sonne unterging, verabschiedeten wir uns und gingen unsere eigenen Wege. Das nächste Mal, als wir uns trafen, war es in einem anderen Park. Wieder war sie spät dran, aber das machte mir nichts aus. Es war schön, jemanden zum Reden zu haben, der mich **verstand**. Wir sprachen über unsere Träume und **Hoffnungen**, über die Dinge, die wir in unserem Leben tun wollten. Sie erzählte mir von ihren Plänen, die Welt zu bereisen, und ich erzählte von meinem Traum, Schriftstellerin zu werden. Als die Sonne an einem anderen Tag unterging, verabschiedeten wir uns noch einmal und

Parken

Solen höll på att gå ner och parken var tom. Jag satt på bänken och väntade på min **vän**. Vi hade planerat att träffas här för en timme sedan, men hon var alltid sen. Precis när jag höll på att ge upp och gå hem såg jag henne springa mot mig. “Jag är så ledsen”, flämtade hon när hon kom fram till bänken. “Mitt tåg blev **försenat.**” “Det är okej”, sa jag **förlåtande**. “Jag kom precis hit själv.” Vi satte oss ner och pratade en stund och berättade om varandras liv sedan vi träffades senast. Samtalet flöt **lätt** och det kändes som om det inte hade gått någon tid alls sedan vi sågs sist. När solen gick ner tog vi farväl och gick skilda vägar. Nästa gång vi träffades var det i en annan park. Återigen var hon sen, men det gjorde inget. Det var skönt att ha någon att prata med som **förstod** mig. Vi pratade om våra drömmar och **ambitioner,** saker vi ville göra med våra liv. Hon berättade om sina planer på att resa runt i världen, och jag delade med mig av min dröm om att bli författare. När solen gick ner på en annan dag tog vi farväl ännu en gång och lovade att hålla kontakten den här gången.

Åren gick, och vår **vänskap** förblev stark även om vi nu bodde i olika delar av landet. Vi höll kontakten genom brev och tillfälliga telefonsamtal och delade

versprachen, diesmal in Kontakt zu bleiben.

Die Jahre vergingen, und unsere **Freundschaft** blieb bestehen, obwohl wir jetzt in verschiedenen Teilen des Landes lebten. Wir hielten den Kontakt durch Briefe und gelegentliche Telefonate aufrecht und teilten uns gegenseitig die Neuigkeiten aus unserem Leben mit. Als sie ankündigte, dass sie heiraten würde, war ich nicht **überrascht** - sie war schon immer der **abenteuerlustige** Typ gewesen. Aber als sie mich fragte, ob ich ihre Trauzeugin bei ihrer Hochzeitsfeier sein würde, die am anderen Ende der Welt stattfand, musste ich sie erst einmal überzeugen! Letztendlich konnte ich jedoch nicht zulassen, dass meine beste Freundin ohne mich an ihrer Seite heiratet, und so **stimmte** ich trotz meiner Befürchtungen (und nach langem Bitten ihrerseits!) zu, das **Abenteuer** meines Lebens mitzumachen.

Endlich war der Tag der **Hochzeit** gekommen. Ich war nervös, aber auch aufgeregt, bei einem so wichtigen Moment im Leben meiner Freundin dabei zu sein. Die Zeremonie war wunderschön, und sie sah glücklich aus, als sie ihr Gelübde ablegte. **Danach** feierten wir mit einer großen Party - es schien, als ob jeder, den sie kannte, gekommen war, um mit ihr zu feiern! Es war ein **magischer** Tag, den ich nie vergessen werde, und unsere Freundschaft wurde nach diesem Abenteuer nur noch stärker.

nyheter från våra liv med varandra. När hon meddelade att hon skulle gifta sig blev jag inte **förvånad** - hon hade alltid varit den **äventyrliga** typen. Men när hon frågade mig om jag ville vara hennes hedersbrudtärna vid hennes bröllopsceremoni som ägde rum på andra sidan jordklotet från där jag bodde... det krävdes en del övertalning! I slutändan kunde jag dock inte låta min bästa väninna gifta sig utan mig vid hennes sida, så trots mina farhågor (och efter mycket bön från henne!) **gick** jag **med på** att följa med på vad som visade sig bli sitt livs **äventyr.**

Bröllopsdagen kom äntligen. Jag var nervös, men glad över att få vara en del av ett så viktigt ögonblick i min väns liv. Ceremonin var vacker och hon såg lycklig ut när hon avgav sina löften. **Efteråt** firade vi med en stor fest - det verkade som om alla hon kände hade kommit för att fira med henne! Det var en **magisk** dag som jag aldrig kommer att glömma, och vår vänskap blev bara starkare efter detta äventyr.

Fragen zum Verständnis

1. Wo haben sich die Autorin und ihr Freund zum ersten Mal getroffen?

2. Warum kam der Freund des Autors zu spät zu ihrem Treffen?

3. Worüber sprachen die Freunde, als sie sich Jahre später wieder trafen?

4. Wie hat sich die Autorin gefühlt, als sie an der Hochzeitsfeier ihrer Freundin teilnahm?

5. Beschreiben Sie den Rahmen der Hochzeitszeremonie.

6. Wie hat sich die Freundschaft zwischen den beiden Frauen im Laufe der Zeit verändert?

7. Was ist der Traum des Autors?

8. Wohin plant der Freund des Autors zu reisen?

9. Warum hat die Autorin gezögert, an der Hochzeit ihrer Freundin teilzunehmen?

Frågor om förståelse

1. Var träffades författaren och hennes vän första gången?

2. Varför var författarens vän sen till mötet?

3. Vad pratade vännerna om när de träffades igen flera år senare?

4. Hur kändes det för författaren att delta i sin väns bröllopsceremoni?

5. Beskriv hur bröllopsceremonin går till.

6. Hur har vänskapen mellan de två kvinnorna förändrats med tiden?

7. Vad är författarens dröm?

8. Vart planerar författarens vän att resa?

9. Varför tvekade författaren att delta i sin väns bröllopsceremoni?

www.ingramcontent.com/pod-product-compliance
Lightning Source LLC
LaVergne TN
LVHW012101160826
845678LV00014B/2896